Ismael Leandry Vega

«Si educamos a todas las personas respecto a la orientación sexual y al homosexualismo lograremos reducir los prejuicios»

Asociación Estadounidense de Psicología

«Jesus might have been homosexual»

Gene Robinson, Obispo de la Iglesia Anglicana

«Cristo era gay»

Myra Poole, teóloga inglesa

I0421821

Dios es gay

Alegato a favor de la comunidad lésbica, gay, bisexual, transexual y transgénero

Editorial Espacio Creativo

North Charleston, SC

Standard Copyright License

ISBN-13: 978-1482660760

ISBN-10: 1482660768

Datos para catalogación:

Título original en español

Dios es gay: alegato a favor de la comunidad lésbica, gay, bisexual, transexual y transgénero

Copyright©2013— Ismael Leandry Vega

Editorial Espacio Creativo

North Charleston, SC

1. Comunidad LGBT
2. Discrimen por orientación sexual
3. Fundamentalismo religioso
4. Homofobia
5. Homosexualismo
6. Matrimonios entre homosexuales
7. Orientación sexual

«*...la homosexualidad es una obra divina.*»[i]

Myra Poole

Tabla de Contenido

Capítulo uno

La naturalidad homosexual y bisexual en el reino animal

Capítulo dos

Prehistoria e historia homosexual

Capítulo tres

Teología lésbica, gay, bisexual, transexual y transgénero

Capítulo cuatro
Las abominables terapias de conversión

Capítulo cinco
Admire a los miembros de la comunidad lésbica, gay, bisexual, transexual y transgénero

Capítulo seis
Libertad de expresión de los homofóbicos

Capítulo siete
La homofobia se combate con educación

Capítulo ocho
Frases y pensamientos del autor

Dios es gay

Agradecimiento

A todos los miembros de la comunidad lésbica, gay, bisexual, transexual y transgénero que, valiente y ruidosamente, han luchado por la igualdad.

Dios es gay

Dedicatoria

A los miembros de la comunidad lésbica, gay, bisexual, transexual y transgénero. Por razón de que, injustamente, han sido víctimas de humillaciones y persecuciones a lo largo de la homofóbica y manipulada historia.

Introducción

De entrada, lo primero que vamos a decir es que la homosexualidad y la bisexualidad son, incuestionablemente, unas orientaciones sexuales que son tan naturales «como la orientación heterosexual.»[ii] Además, cabe recordar que «la orientación sexual de los humanos es en algún grado determinada biológicamente.»[iii]

Lo segundo que vamos a decir, es que la inmensa mayoría de los homosexuales y bisexuales que viven en países democráticos, consumistas y republicanos, a diferencia de la creencia popular, llevan una vida tranquila y productiva.[iv]

Lo tercero que vamos a decir es que nadie –ni los fundamentalistas religiosos ni los agentes del orden público– debe estar pendiente a lo que hagan, consentida y privadamente, los adultos con sus órganos sexuales. Ello porque «no existe nada más íntimo y privado que la práctica de la propia sexualidad.»[v]

Y sobre eso de que el Estado no debe estar pendiente a lo que hagan, consentidamente, los adultos a la hora de follar, cabe señalar que «la sexualidad y el ejercicio de ella son dos asuntos en los que ni las leyes ni el Estado tienen nada que opinar.»[vi]

Lo cuarto que vamos a decir es que son cabronas y detestables todas aquellas personas que, por dejarse influenciar por las pendejadas religiosas: (1) creen que son abominables, anormales e inmorales los miembros de la comunidad lésbica, gay, bisexual, transexual y transgénero; (2) adoran que los miembros de la comunidad *LGBT* sean tratados como ciudadanos de segunda categoría; (3) apoyan la homofobia; y (4) apoyan la ejecución de actos discriminatorios en contra de la comunidad *LGBT*.

Lo quinto que vamos a decir, es que los principales libros de cuentos de hadas religiosas —como la Biblia y la Tora— demuestran, con gran claridad, que la inexistente cosa llamada dios es, por decir lo menos, «egocéntrico, megalómano, caprichoso, represor, misógino y violento…».[vii] Y no hay que olvidar, que si uno analiza con gran cuidado los mencionados libros de cuentos fantásticos y religiosos, uno puede notar que todo indica que ese inexistente dios también es un divino homosexual.

Y en el específico caso del deprimente cristianismo, todo apunta a que el inexistente y clavado Jesucristo es un personaje que se envuelve en relaciones homosexuales con uno de sus amados discípulos.[viii]

Como ven, lo que hemos manifestado líneas arriba son alegatos a favor de los miembros de la comunidad lésbica, gay, bisexual, transexual y transgénero. Pues bien, valga saber que este pequeño libro no es otra cosa que un fuerte alegato a favor de los miembros de dicha comunidad.

Es importante que se tenga en cuenta que, a pesar de que soy heterosexual, ateo y pobre, son muchísimas las cuestiones que discutiré a favor de los miembros de la comunidad *LGBT*. Y uno de los asuntos más importantes e interesantes que discutiré en este pequeño libro, es el asunto de la adopción de niños: (a) por parte de homosexuales solteros; y (b) por parejas integradas por personas de un mismo sexo.

Como adelanto de ese interesante tema, les vamos a decir que un estudio realizado por investigadores de la **Universidad del País Vasco** & de la **Universidad de Cambridge** demostró, entre otros asuntos, que las familias que están compuestas por parejas homosexuales tienden a enseñarles a los niños, de una mejor manera que las parejas heterosexuales: (1) la utilización del diálogo constructivo a la hora de resolver conflictos; y (2) la importancia de los valores relacionados con la tolerancia y la comprensión.

Sin contar que, según el mismo estudio, los niños también tienden a recibir unas buenas dosis educativas sobre los daños y perjuicios que ocasiona tener una mente homofóbica, discriminanteyseveramente prejuiciada.[ix]

Por otro lado, debe saber que también vamos a discutir el asunto de las homofóbicas, seudocientíficas y discriminantes terapias que están diseñadas para cambiar la orientación sexual. Y como adelanto de esa aberrante cuestión, le voy a mencionar que «no hay investigación científica adecuada que demuestre que las terapias diseñadas para cambiar la orientación sexual son seguras ni efectivas.»[x]

Otro asunto que vamos a discutir, es el asunto de los cambios legales que se han realizado durante las últimas décadas a favor de los miembros de la comunidad lésbica, gay, bisexual, transexual y transgénero. Valga saber que uno de los cambios que discutiremos, es el asunto de la tipificación como delito de los crímenes de odio que se cometen en contra de los miembros de la mencionada comunidad.

Y, como adelanto de ese importantísimo asunto jurídico, les vamos a decir que está comprobado que «los crímenes de odio contra lesbianas, gays, transexuales y bisexuales son producto de una cultura que tolera, e incluso promueve, la homofobia y la violencia contra las minorías sexuales.»[xi]

Conviene mencionar, en este tramo, que a través de este pequeño libro plasmaremos y analizaremos numerosas decisiones judiciales que están estrechamente relacionadas con la comunidad *LGBT*. Y la mayoría de ellas, convenientemente, provenientes de tribunales de última instancia. Como ejemplo de eso vamos a mencionar que, en *2005,* ocurrió algo fabuloso en Israel.

Allí, el Tribunal Supremo de Israel determinó que una pareja compuesta por personas de un mismo sexo que se haya casado en un Estado en donde dichas uniones matrimoniales sean legales, puede solicitarle a un tribunal que autorice a uno de los miembros de la pareja a adoptar los hijos del otro.[xii]

Otro interesante asunto que van a ver en este pequeño libro, es el asunto que demuestra que la homofobia es una discriminante consecuencia de las prácticas religiosas tradicionales. También verán que las luchas que deben batallar los miembros de la comunidad lésbica, gay, bisexual, transexual y transgénero tienen que ir encaminadas, principalmente, a atacar de frente las prácticas religiosas que fomentan y permiten la homofobia.

Y sobre este último punto les vamos a recordar que, de la misma forma que «la conquista de los derechos de las mujeres (educación, voto y posibilidad de divorcio y aborto en ciertas circunstancias) se alcanzó luchando contra las religiones, los derechos de gays y lesbianas» también se tienen que conquistar luchando en contra de las religiones.[xiii]

Por otro lado, es de saber que en este libro también vamos a brindar varias recomendaciones destinadas a minimizar la homofobia, particularmente, en las nuevas generaciones. Y como adelanto de ese importantísimo tema les vamos a decir que, es indispensable que en las escuelas se les enseñen a los niños asuntos científicamente validados sobre los miembros de la comunidad lésbica, gay, bisexual, transexual y transgénero.

Por razón de que está demostrado que, si los niños son adecuada y responsablemente educados sobre asuntos que estén relacionados con la comunidad *LGBT*, existen altas probabilidades de que se reduzcan los perjuicios en contra de esas personas.[xiv]

Ya que estamos hablando sobre una cuestión educativa, entendemos que no podemos dejar pasar esta oportunidad para manifestar que hay que enseñarles a las personas, tanto a los adultos como a los menores de edad, que leer y analizar informaciones que estén relacionadas con la homosexualidad y la bisexualidad no causa que los heterosexuales se conviertan en homosexuales o en bisexuales.[xv]

La razón principal por la cual es importante saber y discutir lo anterior, es que por ahí hay algunos grupitos religiosos y fundamentalistas que, por increíble que parezca, creen que lo antes mencionado es posible.

Por último, antes de entrar de lleno a los capítulos del libro entendemos que debemos explicar, aunque sea brevemente, cinco cuestiones importantes. Lo primero que se debe recordar es que las personas que tienen una orientación sexual de índole bisexual son aquellas que, en apretada síntesis, sienten «una atracción sexual, emotiva y afectiva hacia ambos sexos.»[xvi] Lo segundo que se debe recordar es que un transgénero es, en apretada síntesis, una persona que por razones biológicas y naturales «no se atiene al rol y normas sociales asociadas al sexo con el que nació.»[xvii]

Lo tercero que vamos a decir, es que un transexual es una persona que por razones biológicas y naturales no siente agrado con el sexo con el que nació. Lo que le lleva a realizarse una cirugía de reasignación de sexo —o, como dicen por ahí, una operación de cambio de sexo—. Y lo cuarto que vamos a explicar es que la homosexualidad, en apretada síntesis, «designa las relaciones entre hombres o mujeres que experimentan una atracción sexual, exclusiva o predominante, hacia personas del mismo sexo.»[xviii]

Por último, la quinta cuestión que vamos a explicar es el significado de la palabra homofobia. Sobre eso, valga saber que si uno analiza la literatura con algo de cuidado uno encontrará múltiples definiciones.

Pero para nosotros, y ténganse muy presente puesto que ése será el significado de esa palabra en este pequeño libro, la palabra homofobia hace referencia al «rechazo o de forma extendida a la aversión, odio, prejuicio o discriminación contra hombres o mujeres homosexuales, aunque también se incluye a las demás personas que integran a la diversidad sexual, como es el caso de las personas bisexuales, transexuales» y transgénero.[xix]

Capítulo uno
La naturalidad homosexual y bisexual en el reino animal

I. Homosexualismo en el reino animal

Los dioses no existen, puesto que la historia ha demostrado que esos embelecos fueron creaciones de mentes pendejas y asustadas. Sin contar que la historia también ha demostrado, que los reforzamientos de las alocadas ideas de la existencia de dioses y/o poderes sobrenaturales fueron realizados por mentes perversas y oportunistas.

Por eso hay que estar de acuerdo con el **Dr. Stephen Hawking**, catedrático de Matemáticas Aplicadas y Física Teórica de la Universidad de Cambridge y ganador del premio Príncipe de Asturias de la Concordia, cuando manifiesta que «la idea de que nos espera una vida en el cielo después de la muerte es un cuento de hadas para la gente que tiene miedo.»[xx]

Y como lo antes mencionado es así, de esa manera tan clara, se tiene que llegar a una única conclusión, a saber, que el homosexualismo, la bisexualidad y la heterosexualidad son meras creaciones de la poderosa naturaleza.

¿Y qué significa eso? Que el homosexualismo es una conducta normal y natural. También significa que los homosexuales, al igual que los bisexuales: (1) no son ni raros ni abominables; y (2) son seres que fueron naturalmente creados por la naturaleza. Por consiguiente, son abominables y desquiciadas todas aquellas personas que piensen que los homosexuales, por el simple hecho de follar con personas de su mismo sexo, están enfermos o desquiciados.

Es de notar que manifestamos antes dos palabras, a saber, homosexualismo humano. *¿Saben por qué dijimos eso?* Porque la naturaleza es tan extraordinaria que, para consternación de los fundamentalistas religiosos, ha creado animales no humanos que adoran estar follando con otros animales no humanos de su mismo sexo. Y sobre ese particular, no está de más recordar que se han documentado un montón de «casos de homosexualidad en leones, bisontes, gansos, gaviotas», entre otros animales.[xxi]

Es interesante tener en cuenta que de todos los animales no humanos que se pasan incurriendo en acciones homosexuales, los más curiosos y pintorescos son los pingüinos homosexuales. *¿Saben por qué?* Porque esos pequeños animalitos, que son altamente inteligentes, difícilmente dejan de mostrar comportamientos homosexuales durante el transcurso de sus vidas.

De hecho, lo acabado de mencionar nos ha hecho recordar un gracioso caso que ocurrió en

Alemania. Allí, un zoológico albergaba a unos cuantos pingüinos machos y homosexuales que, ante la estupefacta mirada de los encargados, se sentían muy bien al estar follando entre sí. Sin embargo, un buen día, a algunos de los encargados del zoológico se les ocurrió una macabra idea, a saber, realizar algunos esfuerzos para que los felices y pintorescos *pingüinos homosexuales* se convirtieran en heterosexuales.

Para hacer lo anterior, los encargados del zoológico mandaron a buscar, directamente desde Suecia, a unas hembras que, bajo los estándares de los pingüinos machos, estaban bien buenas para ser folladas. *¿Saben qué pasó una vez llegaron las hembras?* Que los pingüinos homosexuales se mostraron indiferentes e insensibles hacia las hembras, por lo que *continuaron* consus actividades homosexuales.[xxii]

II. Homosexualismo humano

Como ya hemos visto, *el homosexualismo es una conducta normal* que está presente –particularmente en los mamíferos– dentro del reino animal.[xxiii] Con eso en mente, valga saber que la conducta homosexual es muy común dentro del reino animal que está relacionado con los primates. Tanto así, que la data científica nos certifica que hay unas treinta y tres especies de primates que, para consternación de millones de fundamentalistas religiosos, *«exhiben comportamientos homosexuales.»*[xxiv]

Y si eso puede ser desconcertante, particularmente para los fanáticos religiosos, más desconcertante será saber que por ahí hay unos primates inteligentes que, gracias a la poderosa naturaleza, también exhiben comportamientos homosexuales.

¿Saben cuáles son esos primates? Unos afamados homínidos comúnmente llamados seres humanos. Con arreglo a esto, cabe mencionar: (1) que se estima que el trece por ciento de la población mundial es homosexual; y (2) que la mayoría de los homosexuales pertenecen al sexo masculino.[xxv]

Pero esta cuestión del homosexualismo dentro del reino de los primates, que incluye el asunto de la homosexualidad en el ser humano, sigue. *¿Saben por qué?* Porque nuestros primos más cercanos, hablando desde un punto de vista que está relacionado con los monos, adoran estar envueltos en relaciones homosexuales. *¿Y cuáles son esos primos (primates) que adoran lo anterior?* Los bonobos o los chimpancés pigmeos. De hecho, esos primates adoran tanto el homosexualismo que sus prácticas sexuales de índole homosexual llegan «a sobrepasar» sus prácticas sexuales de índole heterosexual.[xxvi]

Es de notar que manifestamos líneas arriba, que los bonobos o los chimpancés pigmeos son nuestros familiares más cercanos dentro del reino animal. *¿Saben por qué escribimos eso?* Porque esos primates tienen un ácido desoxirribonucleico muy parecido al de los seres humanos. Tanto así, que la data científica nos certifica que el noventa y ocho por ciento del ácido desoxirribonucleico de los bonobos es idéntico al de los seres humanos.

¿Y qué significa eso? Que los seres humanos, además de ser unos primates violentos y bochincheros, están emparentados con unos chimpancés pigmeos que, por razones naturales, adoran el homosexualismo.[xxvii]

Llegados a este punto de la discusión, la pregunta que hay que contestar es la siguiente: *¿qué demuestra todo lo antes mencionado?* Todo lo antes mencionado demuestra, con grata claridad, que el homosexualismo es, dentro del mundo de los primates, una conducta natural y normal. Y como los seres humanos no son más que unos primates, particularmente unos primates violentos, mortales, egoístas y chismosos, es forzoso concluir que la homosexualidad –al igual que la bisexualidad– es una cuestión natural y normal dentro de la raza humana.

Ahora bien, entendemos que debemos profundizar un poco más dentro del asunto del homosexualismo natural en los seres humanos. Y, al hacer eso, lo primero que tenemos que decir es que los homosexuales y los bisexuales nacen, no se hacen. Por consiguiente, debe quedar más que claro que «los seres humanos no pueden escoger ser homosexuales o heterosexuales.»[xxviii]

¿Y por qué los seres humanos no pueden escoger, naturalmente hablando, una orientación sexual en particular? Por la sencilla razón de que la naturaleza

ha establecido, maravillosamente, que las orientaciones sexuales van a estar relacionadas con unos asuntos biológicos y hormonales que, como es sabido: (1) se tienden a manifestar desde que los espermatozoides fecundan los óvulos; y (2) se desarrollan mientras los fetos están dentro de los vientres de las mujeres.

Para darle algo de uniformidad a lo que acabamos de mencionar, valga saber que la **Asociación Estadounidense de Psicología** (APA, por sus siglas en inglés) ha manifestado que existen múltiples estudios que han corroborado que «la biología, incluso los factores hormonales genéticos o innatos, desempeña un papel importante en la sexualidad de las personas.»[xxix]

Otra data científica que refuerza lo antes mencionado, es una investigación realizada por investigadores de la **Universidad de Illinois** –ubicada en los Estados Unidos de América–. Según los hallazgos de dicha investigación, que fueron dados a conocer en 2006, factores biológicos y hormonales juegan un papel significativísimo *en el comportamiento homosexual.*[xxx]

Otra información que refuerza el asunto de que la homosexualidad es un asunto natural, es un estudio que realizaron investigadores de la **Universidad de York** –ubicada en Canadá–. Según los resultados de dicho estudio, dados a conocer en 2010, los homosexuales y las mujeres, contrario a los hombres heterosexuales, utilizan los dos hemisferios del cerebro para realizar ciertas tareas mentales. Lo que demuestra, por lo menos desde el aspecto biológico, que la naturaleza se ha encargado de que los homosexuales tengan algunas similitudes con las mujeres.[xxxi]

Otro estudio que refuerza lo que hemos estado discutiendo, fue realizado por investigadores del **Stockholm Brain Institute** –ubicado en Suecia–. Según los hallazgos de dicho estudio, dados a conocer en 2008, «el cerebro de los hombres homosexuales se parece al de las mujeres heterosexuales, mientras que el de las lesbianas muestra similitudes con el de los hombres heterosexuales.»[xxxii]

Otra información, científicamente validada, que corrobora que la homosexualidad y la bisexualidad en los seres humanos son unos asuntos naturales, proviene desde los Estados Unidos de América. Allí, el ***Centro de Investigación Clínica de San Francisco*** realizó un estudio sobre lo que hemos estado discutiendo.

Y los resultados de dicho análisis –que fueron dados a conocer en 2011– demostraron, para consternación de millones de fundamentalistas religiosos, que la orientación sexual –*ya sea homosexual, bisexual o heterosexual*– «no es cuestión de elección, sino neurobiológica al nacer.»[xxxiii]

En fin, son múltiples los estudios que robustecen todo lo que hemos estado discutiendo. Y como eso es así, de una manera tan clara, hay que estar de acuerdo con la ***Asociación de Psicología de Puerto Rico*** cuando manifiesta que toda la data científicamente confiable certifica, con gran contundencia, que el homosexualismo y la bisexualidad: (1) no son enfermedades mentales; y (2) no son trastornos sexuales.[xxxiv]

Por otro lado, tenemos que decir que los estudios que hemos citado mandan al carajo esa imbécil y popular creencia que establece, irresponsablemente, que los niños que se crían con padres homosexuales tienen dizque altísimas probabilidades de convertirse en homosexuales o bisexuales.

¿Saben por qué indicamos eso? Por motivo de que la homosexualidad y la bisexualidad, al ser unos asuntos que están estrechamente relacionados con asuntos neurobiológicos, no permiten que los padres gays puedan cultivar algún tipo de influencia sobre las orientaciones sexuales de los niños.

Esto que acabamos de mencionar nos hace recordar que el Dr. Michael Lamb, un psicólogo especialista en desarrollo que labora en la prestigiosísima **Universidad de Cambridge**, ha manifestado —en varias ocasiones— que no hay evidencias científicas que demuestren «que los niños con padres gays tengan más probabilidades de ser homosexuales o víctimas de abuso sexual e incesto.»[xxxv]

Otra cuestión que no debe pasarse por alto es que muchísimos idiotas, sin tener evidencias científicamente validadas, se pasan diciendo que los niños que se crían con progenitores homosexuales suelen tener unos aprovechamientos académicos deficientes. Inclusive, los homofóbicos más embrutecidos se pasan diciendo que los menores de edad que se crían con parejas homosexuales suelen presentar dizque graves problemas sociales y mentales.

Sobre eso, tenemos que decir que dichas opiniones son monstruosas, homofóbicas y, sobre todo, religiosas. Expresamos eso ya que toda la evidencia científicamente validada demuestra, más allá de duda razonable, que las opiniones de los homofóbicos no son más que puras patrañas.

De hecho, hay múltiples evidencias que certifican que los menores de edad que se crían con progenitores homosexuales tienden a tener mejores aptitudes sociales y psicológicas que los niños que se crían con progenitores heterosexuales. Y dicha superioridad aumenta a niveles altísimos cuando se hace la comparación con menores de edad que, tristemente, se han criado en hogares reconstruidos y heterosexuales, es decir, con padrastros o madrastras heterosexuales.

Esto que acabamos de mencionar nos ha hecho recordar un estudio realizado por investigadores de la **Universidad de California** y de la **Universidad de Ámsterdam**. Según los hallazgos de dicho estudio, dados a conocer en

2010, los niños que son criados por parejas compuestas por lesbianas «suelen presentar mejores aptitudes *académicas, sociales y psicológicas* que los criados por parejas heterosexuales.»[xxxvi]

Siguiendo con el mismo asunto, valga saber que otro estudio que nos viene a la mente fue uno que fue realizado por investigadores de la **Universidad del País Vasco** y de la **Universidad de Cambridge**. Según los resultados de dicho estudio, dados a conocer en 2010, «las parejas homosexuales ofrecen un ambiente familiar excelente para la crianza de niños» ya que, entre otras buenas acciones, «fomentan la educación en valores como la tolerancia.»[xxxvii]

¿Y qué significa lo acabado de mencionar? Todo eso significa que no hay ninguna razón, científicamente validada, para impedir que un homosexual –o una pareja de homosexuales– adopte a un menor de edad. También significa que en los casos judiciales, particularmente en los que estén relacionados con patria potestad y/o custodia de menores de edad:

(1) no se deben tomar en consideración *las orientaciones sexuales* de los progenitores a la hora de decidir sobre el mejor bienestar de los menores; y

(2) no se debe entender que la conducta *homosexual o bisexual* de uno de los progenitores, sea algo perverso o perjudicial para los menores de edad.

Llegados a este punto de la discusión, tenemos que decir que todo lo que hemos discutido en esta sección deben tenerlo muy presente todos esos inmaduros y desquiciados fundamentalistas religiosos que están en contra de la crianza de niños por parte de homosexuales o bisexuales.

También tienen que tenerlo presente todos esos magistrados fundamentalistas que, gracias a las enormes presiones ejercidas por sus agrupaciones religiosas, han logrado ocupar sillas en las magistraturas. Y tienen que tenerlo presente ya que, *jurídicamente hablando*, impedir que un homosexual o un bisexual adopte o críe a un niño por el simple hecho de su orientación sexual es, por decir lo menos, un acto discriminatorio por razón de orientación sexual.

Por último, entendemos que debemos realizar una advertencia antes de cerrar este capítulo. Como sabemos, las raíces de la homofobia están en las religiones tradicionales. También sabemos que la homofobia es tan potente que, increíblemente, tiene la capacidad de embrutecer con gran severidad el pensamiento de muchísimas personas, incluyendo el pensamiento de científicos, médicos, *jueces,* trabajadores sociales, abogados, sicólogos, entre otros profesionales altamente educados.

Pues bien, si uno analiza lo que ha estado ocurriendo dentro del mundo científico uno podrá notar que, tristemente, la homofobia ha penetrado dentro de él. Al punto de que uno puede ver que, hoy en día, hay científicos e investigadores irresponsables que están empeñados en establecer, *seudocientíficamente,* que el homosexualismo, la bisexualidad y la transexualidad son unos asuntos que tienen sus raíces en asuntos puramente sociales y psicológicos.

Cabe agregar, además, que hay científicos e investigadores que, en aras de no lucir sus peligrosos niveles de homofobia de formas tan evidentes, han establecido –seudocientíficamente hablando– que las orientaciones sexuales de los miembros de *la comunidad LGBT* están relacionadas a factores sociales y biológicos. Aunque, si se presta algo de atención, uno podrá notar que dichos seudocientíficos suelen otorgarle más peso a los factores sociales.

Es importante que se tenga claro que el fin principal de esos seudocientíficos, que la inmensa mayoría de ellos están seriamente afectados por la homofobia que tiene sus raíces en las religiones tradicionales, es restarle credibilidad e importancia a todos esos estudios que han dejado más que claro que la orientación sexual –*ya sea de índole homosexual, bisexual o heterosexual*– es una cuestión puramente natural.

Inclusive, a veces pensamos que esos seudocientíficos –*que muchos de ellos pertenecen a grupos religiosos que se caracterizan por ser homofóbicos–* lo que hacen es tratando de darle un poco de aire a esa pseudocientífica hipótesis que establece, entre otras idioteces, que las orientaciones sexuales de los miembros de la comunidad *LGBT* están, exclusivamente, relacionadas a factores sociales y culturales.

Y buscan darle un poco de respiro a esa *alocada hipótesis* puesto que, en las últimas décadas, ha cogido unas tremendas palizas intelectuales por parte de todos esos estudios que han certificado, entre otros asuntos, que la bisexualidad, la transexualidad y la homosexualidad son unos asuntos normales y puramente neurobiológicos.

Discutido todo lo anterior, cabe realizar una última pregunta: *¿cuál es la advertencia que se ha querido brindar?* Que cada vez que usted vea que se ha publicado un estudio que diga, entre otras idioteces, que las orientaciones sexuales de los miembros de *la comunidad LGBT* están exclusiva o mayormente relacionadas a factores sociales y mentales, usted debe sospechar de tales investigaciones.

Capítulo dos
Prehistoria e historia homosexual

I. Prehistoria homosexual

Es increíble, pero por ahí hay personas que piensan que el homosexualismo: (1) es un asunto que está dizque estrechamente relacionado con el libertinaje sexual de estos tiempos de la modernidad; y (2) era una cuestión casi inexistente en los primeros asentamientos humanos. Sin embargo, es históricamente conocido que el homosexualismo ha acompañado a la humanidad desde el principio de los tiempos.

De hecho, son innumerables las evidencias arqueológicas que certifican lo antes mencionado. Sin contar que la mera utilización del sentido común, al igual que el análisis de la data científicamente validada, llevaría a cualquier persona de inteligencia promedio a pensar que la homosexualidad y la bisexualidad son unos asuntos naturales y normales que siempre han acompañado a la humanidad.[xxxviii]

Sobre el asunto de la arqueología, valga saber que nos recordamos de un hallazgo que realizaron varios investigadores en la *República Checa*. Allí, en 2011, varios investigadores encontraron un esqueleto masculino que tenía poco más de cinco mil años de antigüedad. Pero el asunto más curioso de eso no fue el asunto del hallazgo del esqueleto, sino la feminizada forma en la cual fue enterrado.

Valga saber que dijimos entierro feminizado ya que «el esqueleto fue hallado con su cabeza orientada hacia el este y rodeado de utensilios domésticos, *comportamientos-rituales* que sólo se habían visto hasta ese momento en tumbas de mujeres.» Y todo eso, junto con otra data científica e histórica, hizo certificar a los arqueólogos que lo encontrado en esa tumba no fue más que el «antepasado gay más antiguo del que se tiene noticia.»[xxxix]

Otro caso que nos viene a la mente proviene desde Francia. Allí, específicamente en el interior de una caverna llamada *La Marche*, se han encontrado un montón de evidencias del período Paleolítico que demuestran la naturalidad del comportamiento homosexual en la humanidad. Una de esas evidencias, es una placa de piedra en donde se observa a una mujer chapándole la vagina a otra mujer. Otra de las evidencias es una placa de piedra, tan antigua como la anterior, en donde se realizó un dibujo que demuestra «un coito anal entre dos hombres.»[xl]

Siguiendo con el mismo asunto, valga saber que en Dordoña, Francia, también se han encontrado varias evidencias de la normalidad del comportamiento homosexual dentro del período Paleolítico. Así, por ejemplo, en una ocasión se encontró una piedra que tenía un dibujo —*realizado hace más de veintisiete mil años*—muy peculiar, a saber, dos lesbianas «con las piernas entrelazadas, en la postura conocida como la tijera.»[xli]

Por curiosidad, no está de más mencionar que el período Paleolítico «ocupa el 99% del tiempo desde la aparición de los hombres. Comenzó hace unos 2,5 millones de años y terminó hace aproximadamente 10 mil años.»[xlii]

II. Historia homosexual

Llegados a este punto de la discusión, tenemos que decir que la comunidad lésbica, gay, bisexual, transexual y transgénero de estos tiempos de la modernidad —*que se ha caracterizado por sus enormes batallas en contra del discrimen y la homofobia*— ha logrado la ejecución de un asunto sumamente importante, a saber, ha forzado una nueva interpretación de la historia. Nos explicamos.

Gran parte de la *historia oficial*, como sabe todo ser pensante y racional, fue principalmente interpretada y escrita por pendejos que estaban seriamente embrutecidos con estupideces religiosas. Eso ocasionó que muchísimos asuntos históricos e importantes relacionados con los miembros de la comunidad lésbica, gay, bisexual, transexual y transgénero —*como el asunto de la normalidad del homosexualismo dentro de la prehistoria*–: (1) fueran ocultados; y (2) no fueran adecuadamente explicados. Por eso se puede decir, sin lugar a la equivocación, que el estudio de la historia y de la prehistoria «ha sido, en cierto modo, homófobo.»[xliii]

Pues bien, lo antes mencionado ha ocasionado que muchos historiadores e investigadores –*que no están dispuestos a dejarse influenciar por los tabúes ni por las opiniones religiosas en torno a los miembros de la comunidad lésbica, gay, bisexual, transexual y transgénero*– le estén echando un nuevo vistazo a la historia oficial, con el fin: (1) de explicar asuntos que se quedaron sin contestar; (2) de destruir muchas de las inconsistencias y de los engaños que escribieron los historiadores del pasado; y (3) de sacar a la luz pública muchísimos asuntos que fueron deliberadamente ocultados.

Y dentro de los asuntos que buscan realizar muchos de esos nuevos historiadores, está la cuestión de sacar a la luz pública muchos de los asuntos que están relacionados con la bisexualidad y la homosexualidad: (1) durante la prehistoria; y (2) durante múltiples períodos de la historia. Inclusive, la indagación de muchos de esos historiadores e investigadores cubre la vida de algunas de las personalidades más afamadas de la historia local, nacional e internacional.

Esto que estamos discutiendo nos ha hecho recordar al maestro **Virgilio Piñera** –un afamado homosexual cubano que se desempeñó como escritor, editor, dramaturgo y novelista–. Y nos recordamos de *Virgilio* –considerado por muchos intelectuales y académicos como uno de los mejores escritores cubanos de la historia– por razón de que el Gobierno cubano, específicamente el barbudo gobierno de Fidel Castro y sus secuaces, hizo todo lo posible para mantener fuera del ojo público cubano: (1) las obras de Virgilio; (2) la importancia de la persona de Virgilio Piñera; y (3) la homosexualidad de Virgilio.

Sin embargo, las luchas de la comunidad lésbica, gay, bisexual, transexual y transgénero que milita dentro de la Cuba comunista logró, entre otros asuntos, que el Gobierno cubano y algunos historiadores: (1) pidieran perdón por lo que le habían hecho a don Virgilio; (2) autorizaran la celebración del centenario del nacimiento de Virgilio; y (3) publicaran informaciones oficiales y reales sobre la vida y obra de Virgilio.

Inclusive, la mencionada comunidad logró que el Gobierno cubano, o mejor dicho los secuaces del *Dr. Fidel Castro*, autorizara y cooperara para realizar «actividades académicas, reedición de obras, publicación de textos inéditos y presentaciones de teatro y danza» basadas en la vida y obra de Virgilio.[xliv]

¡Saben qué! Lo que estamos discutiendo también nos ha hecho recordar a un afamado pacifista hindú llamado **Mahatma Gandhi**. Y nos recordamos de Gandhi ya que varios historiadores de la modernidad, han comenzado a revelar un sinnúmero de pintorescos y desconocidos datos sobre su vida y obra.

Así, por ejemplo, uno de los datos revelados demostró que *Mohandas Karamchand Gandhi* adoraba chupar penes, vaginas, tetas y tetillas, es decir, era bisexual. Otro de los datos revelados, que constantemente fue ocultado por historiadores y fanáticos, establece que *Mohandas Karamchand Gandhi* «estaba profundamente enamorado de un fisioterapeuta alemán [llamado] *Hermann Kallenbach, por el que dejó a su esposa en 1908.*»[xlv]

Teniendo en cuenta lo discutido, es de saber que los nuevos análisis históricos que se están realizando también buscan que los libros de texto que se utilizan en las escuelas y en las instituciones de educación superior, que en su mayoría fueron escritos por personas que estaban –o que están– seriamente embrutecidas con los odios religiosos hacia la comunidad lésbica, gay, bisexual, transexual y transgénero, tengan referencias: (1) sobre las luchas sociales y legales que han batallado los miembros de la comunidad *LGBT;* (2) sobre personalidades importantes, poderosas e influyentes que pertenecen –o pertenecieron– a la comunidad *LGBT*; y (3) sobre los abusos que se han cometido, durante los siglos, en contra de los miembros de la comunidad *LGBT*.[xlvi]

Abundando sobre lo anterior, tenemos que decir que la nueva corriente de historiadores –que cuentan con el apoyo de personas inteligentes, influyentes y adineradas que pertenecen a la comunidad lésbica, gay, bisexual, transexual y transgénero– tiene toda la razón al realizar y exigir lo antes mencionado. *¿Saben por qué?* Porque si se analizan los libros de texto oficiales que se utilizan en muchísimas instituciones de educación —*tanto de* *educación superior como de educación escolar*—, usted notará que, en la mayoría de ellos, los miembros de la comunidad lésbica, gay, bisexual, transexual y transgénero brillan por su ausencia.

Es como si los cabrones que escribieron esos libros se hubieren puesto de acuerdo para obviar, con toda intención maquiavélica, toda data histórica de índole trascendental que estaba relacionada con los miembros de la comunidad lésbica, gay, bisexual, transexual y transgénero.

Así, por ejemplo, es increíble y altamente sospechoso que en los Estados Unidos de América, al igual que en la mayoría de los países que están ubicados en Latinoamérica, haya muchísimos libros de texto que, entre otras omisiones, no mencionen al gran **Harvey Milk**.

¿Y quién fue Harvey Milk? Un afamado homosexual que, durante el siglo XX: (1) luchó valiente y ferozmente a favor de los derechos de la comunidad *LGBT;* (2) fungió como concejal de la ciudad de San Francisco –California, EEUU–; y (3) recibió de manera póstuma «la Medalla de la Libertad, el más alto honor civil» en los Estados Unidos de América.[xlvii]

Siguiendo con el asunto de la *reinterpretación de la historia,* valga saber que muchísimos historiadores también están realizando algo bien curioso, a saber, están investigando y escribiendo artículos y libros sobre las distintas tácticas que utilizaron los miembros de la comunidad lésbica, gay, bisexual, transexual y transgénero para darle rienda suelta a sus inclinaciones sexuales sin ser humillados, arrestados, encarcelados y/o ejecutados por funcionarios públicos, homofóbicos y cabrones.

Sobre ese particular, valga saber que la historia está llena de acciones bien sorprendentes. Realmente uno se sorprende al ver cómo muchos miembros de la comunidad *LGBT,* durante distintas épocas, se las ingeniaron para evitar o minimizar las posibilidades de ser perseguidos y humillados por los homofóbicos.

Un buen ejemplo sobre eso proviene desde España. Allí, específicamente durante el siglo XIX, la homofobia era tan rampante y nauseabunda que se formaron «unas sociedades clandestinas de homosexuales que poseían sus propios enclaves de encuentro, códigos de señales para reconocerse mutuamente, rituales de iniciación y formas de celebración colectiva.»[xlviii]

Debe tenerse en cuenta que el ejemplo que acabamos de mencionar, nos ha hecho recordar un dato histórico –muy parecido al anterior– que ocurrió en el Reino Unido. Allí, en 1897, el poeta **George Cecil Ives** fundó una sociedad secreta llamada la *Orden de Queronea.*[xlix]

Valga saber que dicha sociedad fue secretamente fundada para que los homosexuales y bisexuales, que eran víctimas de actuaciones homofóbicas por parte del Gobierno y del populacho, pudieran comunicarse y tener centros de encuentro libres de homofóbicos. Aunque no se puede pasar por alto que dicha secreta sociedad hizo todo lo posible, por medio de varios iluminados que pertenecían al grupo, para luchar *pacífica e intelectualmente* en contra de la homofobia.

Por otro lado, todos saben que *gran parte de la humanidad* lleva siglos discriminando, humillando y fastidiando a los miembros de la comunidad lésbica, gay, bisexual, transexual y transgénero. Inclusive, no se puede pasar por alto que, a través de los siglos, muchísimos miembros de la comunidad *LGBT* fueron –y en muchas partes del mundo lo siguen siendo– humillados, agredidos, torturados, encarcelados y/o matados por manos homofóbicas.

A este respecto, recordemos que el siglo *XVI* fue un siglo bien nefasto: (1) para los homosexuales; y (2) para los bisexuales. Puesto que muchísimos de ellos, con la bendición de la cabrona y ladrona *Iglesia católica*, fueron matados, torturados, encarcelados y mutilados.

Así, por ejemplo, en *1557* tres homosexuales, por el simple hecho de ser homosexuales, fueron insultados, torturados y salvajemente ahorcados: (1) en suelo italiano; y (2) con la bendición de la cabrona y ladrona Iglesia católica. Tampoco podemos olvidar que, en *1559,* un homosexual llamado *Gabriello di Thomaien* fue quemado vivo por el simple hecho de amar a una persona de su mismo sexo.[1]

Otro ejemplo sobre lo que estamos discutiendo, proviene desde el Reino de España. Allí, específicamente durante el siglo XII, *el rey Alfonso II de Aragón* ordenó la ejecución de muchísimas cabronadas jurídicas. Así, por ejemplo, ordenó quemar a los «homosexuales» y a los chismosos. Sin contar que también ordenó que se dejaran morir de hambre a todas aquellas personas que, sin importar las razones, no pagaran «las multas por infracciones a la ley.»[li]

Pues bien, en aras de recordar a todas esas almas que fueron –*y que siguen siendo*– objeto de cabronadas sociales y/o religiosas por el simple hecho de pertenecer a la comunidad lésbica, gay, bisexual, transexual y transgénero, muchas personas han luchado para que los Gobiernos construyan monumentos *LGBT*. De cierta manera, se puede decir que tales *monumentos* no son más que unas obras públicas y patentes que han sido puestas en memoria de las víctimas de la homofobia.

¿Saben dónde se construyó uno de esos monumentos? En la República Federal Alemana. Allí, en 2008, el Gobierno inauguró, dentro de las facilidades del parque Tiergarten, un imponente monumento que fue dedicado a los miembros de la comunidad *LGBT* que fueron perseguidos, humillados, mutilados, encarcelados y matados por los cabrones nazis.[lii]

Pero Alemania no es el único país democrático que, para bien, ha construido un monumento que nos hacen recordar los estragos de la homofobia a lo largo de la homofóbica historia. Si vamos al Reino de España, específicamente a Barcelona, veremos que allí también se construyó *un monumento LGBT*. Les vamos a informar, por curiosidad, que dicho monumento tienen una inscripción que dice, en lo pertinente, «en memoria de los gays, las lesbianas y las personas transexuales que han sufrido persecución y represión a lo largo de la historia.»[liii]

Sobre lo acabado de mencionar, nos parece atinado indicar que todos los países, incluyendo los que se jactan de ser dizque democráticos y laicos, tienen la obligación de construir *monumentos LGBT*. Puesto que todos los países, de una forma u otra, han fomentado la homofobia y han utilizado sus normativas jurídicas para joder y cometer actos discriminatorios en contra de los miembros de la comunidad lésbica, gay, bisexual, transexual y transgénero.

También entendemos que todos los países deben construir museos que estén dedicados, exclusivamente, a asuntos relacionados con la comunidad lésbica, gay, bisexual, transexual y transgénero. Y todos esos museos *LGBT* deben tener, por lo menos, una sección en donde los visitantes —*en especial los más jóvenes*— sean educados sobre las múltiples cabronadas que, a lo largo de la historia, se han ejecutado para fastidiar, discriminar y matar a los miembros de la comunidad *LGBT*

Capítulo tres
Teología lésbica, gay, bisexual, transexual y transgénero

«From a religious point of view, if God had thought homosexuality is a sin, he would not have created gay people.»[liv]

Howard Dean

I. Teología LGBT

Vimos antes que la bisexualidad y la homosexualidad en el reino animal son unos asuntos normales y naturales. Por consiguiente, debe quedar más que claro que «no hay ninguna perversión ni desviación en estos animales (...). Y lo mismo se aplica a los seres humanos que son homosexuales o bisexuales.»[lv]

¿Y qué significa eso desde el aspecto religioso? Para contestar esa pregunta vamos a suponer, por un momento, que las inexistentes cosas llamadas dioses o poderes sobrenaturales existen. Es importante que se tenga en cuenta que nosotros somos ateos, por lo que jamás deben asumir que seamos creyentes o agnósticos debido a la elaboración de este capítulo. Aclarado ese asunto, comencemos con la discusión.

Según los creyentes —particularmente los judíos, los cristianos y los mahometanos—, la inexistente cosa llamada dios siempre ha existido.

Además, no podemos pasar por alto que esos creyentes: (1) creen que no existe ningún ser sobrenatural más poderoso que la inexistente cosa llamada dios; y (2) se pasan manifestando que los seres humanos fueron creados a imagen y semejanza de la inexistente cosa llamada dios.

Pues bien, si la inexistente cosa llamada dios creó a la raza humana a su imagen y semejanza, eso significa que dicha creación fue completa. Es decir, no sólo abarcó semejanzas físicas, también abarcó semejanzas emocionales. Lo que significaría, que la inexistente cosa llamada dios: (1) siente coraje, felicidad, amor, envidia, etc.; y (2) tiene necesidades sexuales.

Además de lo acabado de mencionar, no se puede pasar por alto que los cristianos, los mahometanos y los judíos se pasan diciendo que la inexistente cosa llamada dios siempre está acompañada por unos *inexistentes seres sobrenaturales llamados ángeles*, y que dichos inexistentes embelecos religiosos son dizque unos asexuales que, a pesar de que tienen una fisionomía bastante masculinizada, presentan algunos rasgos feminizados.

Aunque algunos creyentes, particularmente los que están más perturbados con las idioteces religiosas, creen que los inexistentes ángeles: (1) tienen una fisionomía masculinizada cuando están ante la presencia del invento llamado dios; y (2) tienen el poder de convertirse en mujeres cuando buscan tener algún tipo de contacto directo con los seres humanos.[lvi]

Por consiguiente, si fuéramos a seguirle la corriente a algunos creyentes podríamos decir: (1) que los ángeles, en su estado natural allá en el ilusorio paraíso, son unos hermafroditas que tienen una constitución física inclinada hacia la masculinidad; y (2) que a la inexistente cosa llamada dios le encantar estar, todo el tiempo, acompañada por unos divinos hermafroditas que, a todas luces, tienen *una fisionomía predominantemente masculinizada.*

Pero esto tiene más. Si los ángeles son unos divinos hermafroditas con rasgos corporales y faciales predominantemente masculinos, y la inexistente cosa llamada dios los creó a su imagen y semejanza, eso significaría que la inexistente cosa llamada dios también es un divino hermafrodita con rasgos corporales y faciales masculinizados. Y si eso es así, cabe preguntarse si no es altamente sospechoso que a la inexistente cosa llamada dios le guste estar todo el tiempo acompañada por unas inexistentes criaturas: (1) que son hermafroditas; y (2) que lucen bastante afeminadas.

No sé, pero al analizar todo lo que hemos discutido lo único que nos llega a la mente es que los inexistentes ángeles son unos hermafroditas que, además de que tienen unos rasgos predominantemente masculinizados, incurren en actos homosexuales allá en las divinas camas del ilusorio paraíso.

Pero esto que estamos discutiendo se torna más interesante todavía. Como sabemos, los seres humanos tienen necesidades sexuales. Y si tienen dichas necesidades, y se dice que fueron creados a imagen y semejanza de la inexistente cosa llamada dios, eso significaría que la inexistente cosa llamada dios también tiene necesidades sexuales.

Y si seguimos profundizando, la única conclusión que salta a la vista es la siguiente: la única forma que tiene la inexistente cosa llamada dios para satisfacer sus necesidades sexuales es chingando con sus ángeles, particularmente con los que él ha categorizado como sus favoritos. Y si eso es así, es indudable que se reforzaría la idea de que la inexistente cosa llamada dios es un divino homosexual.

Ahora bien, es de saber que hay un dato sumamente revelador que certifica, por lo menos indirectamente, que la inexistente cosa llamada dios no es más que un divino homosexual que le gusta follar y ser follado por sus ángeles. Si usted lee ese afamado libro de cuentos de hadas llamado la Biblia, usted notará que se dice que el ángel preferido de la inexistente cosa llamada dios era *Lucifer* –popularmente conocido como el Diablo come culos–.

Y según los creyentes, la inexistente cosa llamada dios describe a *Lucifer* –en el mencionado libro de cuentos religiosos– como un ángel bello y precioso. Inclusive, también se dice que *Lucifer,* amante del conocimiento, era el ángel más bello de todos.

Entonces, pregunto yo: ¿no es altamente extraño que un inexistente dios, que los cristianos y los judíos dicen que es un hombre, esté describiendo a un ángel de dicha manera? Para nosotros, sólo un homosexual o un bisexual puede hacer una descripción tan descriptiva y lujuriosa sobre otro hombre.

Otra cuestión que arroja luz sobre la homosexualidad de la inexistente cosa llamada dios, es la fijación que tiene con los hombres humanos.

Nos explicamos: nótese que los libros de cuentos religiosos y de hadas que hemos mencionado —llamados la Biblia y la Tora—, establecen que el primer ser humano que fue creado por la inexistente cosa llamada dios fue un corpulento y bello hombre.

Nótese, además, que los grupos cristianos, judíos y mahometanos se pasan diciendo que los profetas que ha enviado la inexistente cosa llamada dios a nuestro contaminado y violento planeta han sido unos peludos hombres que, al parecer, no eran muy amantes a bañarse. Y sobre esta cuestión de los odoríferos profetas, valga saber que lo más que arroja luz sobre la homosexualidad de la inexistente cosa llamada dios son muchos de los asuntos que están relacionados con *el clavado Jesucristo de la cristiandad*. Nos explicamos.

Como se sabe, algunas de las imbecilidades que se pasan diciendo los cristianos —y téngase en cuenta que son muchísimas— establecen que, hace más de dos mil años, la inexistente cosa llamada dios hizo un increíble acto de abracadabra que, increíblemente, hizo que él mismo se convirtiera en un hombre de carne y hueso llamado el clavado Jesucristo. Mientras que otros embrutecidos dicen que el clavado Jesucristo es, realmente, el hijo de la inexistente cosa llamada dios. Por lo que consideran que el clavado Jesucristo, que nunca existió, fue una figura masculina e independiente.

Fuere como fuera, lo más curioso del cuento de hadas de Jesucristo es el asunto que establece que ese ficticio personaje: (1) se mantuvo soltero y adoraba estar acompañado por otros hombres; y (2) se pasaba abrazando y amando profundamente a *Juan,* quien era su amado y favorito discípulo.[lvii]

Y eso sí que es una cuestión sumamente extraña, puesto que si se analizan algunos libros de historia que discuten algunas de las formas y maneras en las que vivían las personas durante los tiempos en los que se desarrolló el cuento del clavado Jesús, uno notará que un comportamiento como el discutido hubiese levantado serias dudas sobre la hombría del inexistente y clavado Jesucristo de la cristiandad. Inclusive, para los tiempos en los que se desarrolló el cuento de hadas de Jesús, una conducta como la señalada: (1) hubiese sido catalogada como inapropiada y abominable; y (2) le hubiese hecho creer a la gente que Jesús era gay.

Por consiguiente, si seguimos el cuento de hadas que dice que el clavado Jesucristo de la cristiandad fue un dios encarnado mediante un acto de abracadabra, eso significaría que *Dios-Jesucristo* se pasaba teniendo aventuras sexuales –de índole homosexual– con algunos de sus discípulos favoritos.

¡Saben qué! Esto que acabamos de mencionar no es una nueva tesis, puesto que por ahí hay varios estudiosos y escritores que están «convencidos de que *Jesús* era homosexual, y así lo han hecho patente en artículos y libros…».[lviii] Un buen ejemplo sobre eso proviene desde el Reino Unido. Allí, en

2010, una afamada teóloga llamada *Myra Poole* indicó, después de estar varios años estudiando el tema, que el clavado Jesucristo de la cristiandad «era gay.» Inclusive, esa teóloga llegó a manifestar que ella podía acreditar, por medio de análisis teológicos, «que Cristo era homosexual.»[lix]

Llegados a este punto de la discusión, tenemos que mencionar que todo lo discutido nos hace pensar que la inexistente cosa llamada dios, en su estado natural allá en el inexistente paraíso, tiene que ser: (1) un divino hermafrodita que tiene una predominación de rasgos masculinos; y (2) un divino homosexual.

Además, lo discutido nos hace pensar que todos los homosexuales que han existido y que existen dentro del planeta: (1) son los seres humanos que más se asemejan a la imagen y semejanza de la inexistente cosa llamada dios; y (2) ocupan el primer lugar en la lista de creaciones favoritas del invento llamado dios. Por eso estamos de acuerdo con *Myra Poole*, la afamada teóloga que mencionamos antes, cuando manifiesta que «la homosexualidad es una obra divina. Si las personas son homosexuales es porque Dios las hizo así.»[lx]

Otra cosa que nos viene a la mente, luego de analizar lo antes mencionado, es lo siguiente: si los inexistentes ángeles viven en un inexistente paraíso galáctico en donde todo es perfecto y según los deseos de la inexistente y homosexual cosa llamada dios, eso significaría que todos los salvados —tanto hombres como mujeres— vienen obligados a penetrar al inexistente paraíso cumpliendo con los estándares de calidad que ha establecido la inexistente y mencionada deidad.

Por consiguiente, nos imaginamos que todos los miembros de la comunidad lésbica, gay, bisexual, transexual y transgénero que, por sus buenas conductas, sean divinamente salvados: (1) seguirán disfrutando de su sexualidad; y (2) podrán contemplar, tocar y oler los cuerpos de los inexistentes ángeles.

En resumidas cuentas tenemos que decir que, desde el aspecto teológico, todo parece indicar que los miembros de la comunidad *LGBT* son, por guardar enormes semejanzas, las creaciones favoritas de la inexistente cosa llamada dios. Y como los miembros de la comunidad *LGBT* son las creaciones favoritas de la inexistente cosa llamada dios, entendemos que esas personas serán las que más cerca se sentarán del afamado trono galáctico.

Por otro lado, ahora vamos a analizar el contenido de algunos de los libros religiosos de embustes y hadas, particularmente las secciones en donde los *santos homofóbicos* escribieron barbaridades sobre los homosexuales y bisexuales.

Lo primero que tenemos que decir es que todo parece indicar que, en la antigüedad, fueron muchísimos los teólogos del cristianismo que pensaron algo parecido a lo que hemos dicho, es decir: (1) que la inexistente cosa llamada dios debe ser homosexual; y (2) que el inexistente y clavado Jesús fue un divino homosexual que adoraba estar bien apretadito con sus discípulos –especialmente con Juan–.

Y como fueron muchos los teólogos heterosexuales que pensaron de esa manera, es altamente probable que algunos de ellos, especialmente los que tuvieron el privilegio de escribir y editar algunos de los párrafos de los libros de embustes y hadas religiosas, sintieran algo de envidia de los homosexuales. Envidia que les llevó a escribir todas esas bazofias en donde se dice que los homosexuales, entre otras cosas, son dizque unos abominables pecadores que serán duramente castigados por la inexistente y homosexual cosa llamada dios.

Habiendo llegado a este punto de la discusión, es importante que volvamos a recordar varios asuntos ya que no quiero que se me vaya a malinterpretar. Lo primero que tengo que decir es que lo antes discutido es, meramente, un análisis que he realizado de los libros de cuentos y embustes religiosos del cristianismo y del judaísmo —*la Biblia y la Tora*—, particularmente de algunos de sus capítulos. Lo segundo que tengo que decir es que *soy ateo*, por lo que no creo en la existencia de dioses, paraísos, pecadores, diablos, cristos clavados, *dioses homosexuales*, dioses hermafroditas, entre otras bazofias religiosas y fantasiosas.

Lo tercero que voy a decir, para que quede claro, es que no soy homosexual ni bisexual. Soy un heterosexual: (1) que está en contra de la homofobia; (2) que está en contra de todos los discrímenes y abusos que se cometen en contra de los miembros de la comunidad lésbica, gay, bisexual, transexual y transgénero; y (3) que favorece un reanálisis de la historia, de manera que se saquen de los armarios muchos de los asuntos – *relacionados con homosexuales, bisexuales y personas transgénero*– que se escondieron intencionalmente.

También tengo que decir que soy un heterosexual que, entre otros asuntos, creo que los asuntos que están relacionados con las *orientaciones sexuales* de índole homosexual y bisexual son, desde un aspecto biológico y psicológico, asuntos fascinantes e interesantes. *¿Sabe por qué?* Primero, porque únicamente un grupo reducido de personas, si lo comparamos con el resto de la humanidad, gozan de esas características biológicas.

Segundo, porque creo que esas diferencias biológicas —al igual que los prejuicios y discrímenes que sufren los miembros de la comunidad lésbica, gay, bisexual, transexual y transgénero— ocasionan que esas personas tiendan a interpretar y analizar la cruda y sucia realidad con algo de diferencia. En fin, también deben saber que en ocasiones pienso que los homosexuales y bisexuales están, desde un aspecto biológico, a un nivel superior que los heterosexuales. Es como si la naturaleza, únicamente, les permitiera a unos pocos tener ese tipo de biología.

Y esto último hay que tenerlo en cuenta, puesto que es harto conocido que la naturaleza tiende a crear cosas grandiosas en pocas cantidades. Así, por ejemplo, en el mundo existen billones de piedras, pero únicamente unas pocas pueden considerarse piedras preciosas. Además, otro ejemplo que refuerza lo indicado es que la naturaleza únicamente crea a unas cuantas personas con unos poderosos cerebros que, agraciadamente, tienen todo lo necesario para desarrollar grandes e inigualables creaciones.[lxi]

¡Saben qué! Esto que acabamos de mencionar, sobre la superioridad biológica de los homosexuales y de los bisexuales, nos ha hecho recordar un estudio que fue realizado por investigadores de la **Universidad de York** –ubicada en Canadá–. Según los hallazgos de dicho estudio, dados a conocer en 2010, las mujeres y los hombres homosexuales: (1) utilizan los dos hemisferios del cerebro para realizar algunas funciones mentales, como, por ejemplo, para memorizar y recordar datos descriptivos; y (2) son mejores que los hombres heterosexuales a la hora de recordar y memorizar.[lxii]

Dios es gay

Capítulo cuatro
Las abominables terapias de conversión

I. Terapias de reorientación sexual

Por otro lado, hemos visto que muchísimos filósofos y científicos prominentes han certificado que la homosexualidad es una cuestión natural. Lo que significa que el homosexual nace, no se hace. También hemos visto que si seguimos lógicamente la «inodórica» teología llegaremos a una sola conclusión, a saber, que la inexistente cosa llamada dios (el dios del deprimente cristianismo) no es más que un divino homosexual que, entre otros actos de magia, creó a los homosexuales a su imagen y semejanza.

Pues bien, si todos los divinos caminos conducen a que la homosexualidad es una cuestión natural, eso significa que todos esos pendejos e insensatos que piensan que se pueden utilizar las *terapias de reorientación sexual* para llevar a los homosexuales hacia la heterosexualidad son, por decir lo menos, unos viles cabrones que necesitan recibir, de manera urgente, terapias y charlas educativas que estén relacionadas: (1) con el homosexualismo; y (2) con los daños que ocasiona la homofobia.

Sobre la cuestión de las *terapias de reorientación sexual o terapias de conversión–,* valga saber que esos embelecos no son más que unas cuestiones que pertenecen a la *pseudociencia.* Es decir, ese tipo de embeleco pseudocientífico no tiene ningún tipo de validez: (1) dentro del mundo académico; ni (2) dentro del mundo científico de primera categoría. De hecho, son muchísimos los académicos y científicos de renombre que han dejado más que claro que «la homosexualidad no es una patología de la cual hay que curarse o convertirse o una orientación sobre la cual el individuo puede decidir.»[lxiii]

Inclusive, por ahí hay muchísimos académicos y científicos de primera categoría que han demostrado o manifestado que las terapias de reorientación sexual son, por decir lo menos, «inapropiadas, inefectivas y, peor aún, altamente peligrosas y dañinas.»[lxiv] Y son dañinas y peligrosas ya que han sido muchísimos los miembros de *la comunidad LGBT* que, luego de haber sido víctimas de tales discriminatorias y religiosas charlatanerías, han quedado depresivos, entristecidos y, peor todavía, llenos de pensamientos suicidas.

Por eso es que han sido muchísimas las *organizaciones profesionales que están relacionadas con la salud mental* que repudian ese tipo de charlatanerías seudocientíficas, religiosas y discriminatorias. Un buen ejemplo sobre ello es que la prestigiosísima **Asociación Estadounidense de Psicología** (APA, por sus siglas en inglés) indicó, en 2009, que los profesionales de la salud mental: (1) no deben decirle a un homosexual que puede o debe cambiar su preferencia sexual; (2) no deben decir que la homosexualidad es una enfermedad mental; y (3) deben oponerse a todas esas cabronadas que buscan, por medio de *terapias seudocientíficas*, llevar a los homosexuales hacia la heterosexualidad.[lxv]

Otro grupo científico y profesional que, severamente, ha criticado las *terapias de reorientación sexual o terapias de conversión* fue el **Real Colegio de Siquiatras del Reino Unido**. Según dicho grupo: (1) la homosexualidad y la bisexualidad son unas orientaciones sexuales tan naturales como la heterosexualidad; y (2) las terapias de conversión crean, por decir lo menos, «un ambiente en el que florecen el prejuicio y la discriminación.»[lxvi]

Dicho lo anterior, ahora es pertinente hacer un señalamiento. Es de notar que reiteradamente hemos manifestado que las terapias de conversión son cuestiones imbéciles, religiosas, discriminantes y alocadas. Pues bien, es de saber que hemos hecho esas manifestaciones por varios motivos. El primero de ellos está basado en el hecho de que la ciencia ha dejado más que claro, y no nos importa repetirlo una vez más, que la homosexualidad –al igual que la bisexualidad y la transexualidad– «no es una enfermedad. No requiere tratamiento y no se puede cambiar.»[lxvii]

El segundo motivo está basado en el hecho de que casi todos los pendejos que fomentan, ejecutan, validan y/o recomiendan las terapias de reorientación sexual no son más que unos fundamentalistas religiosos que, escondiéndose detrás de sus títulos académicos y de sus licencias estatales para ejercer como profesionales de la salud mental, están seriamente embrutecidos con asuntos que pertenecen a la ciencia ficción religiosa. Y como han sido seriamente embrutecidos con esos aberrantes asuntos, dentro de sus mentes no hay más que odio, homofobia, desdén y discrimen hacia los miembros de la comunidad lésbica, gay, bisexual, transexual y transgénero.

Sin contar que sus perturbados cerebros también apoyan las alocadas ideas religiosas que establecen, erróneamente: (1) que los miembros de la comunidad lésbica, gay, bisexual, transexual y transgénero son abominables, pecadores y fuertes candidatos para achicharrarse en los inexistentes infiernos; y (2) que las inexistentes cosas llamadas dioses o poderes sobrenaturales tienen los inexistentes poderes para realizar, fuera de las universidades más prestigiosas y de los laboratorios más respetados, actos de magia.

En fin, todas esas *desviaciones en el pensamiento racional* llevan a los pendejos terapeutas a creer que por medio de las terapias de reorientación sexual, que no son más que unos embelecos homofóbicos y seudocientíficos, los miembros de la comunidad lésbica, gay, bisexual, transexual y transgénero pueden ser dizque sanados.

Habiendo dicho eso, es altamente necesario que las personas entiendan que las terapias de conversión no son más que unas alocadas cuestiones que pertenecen a la pseudociencia. *¿Y qué es una pseudociencia?* Una pseudociencia «es una disciplina determinada por un conjunto de prácticas, creencias, conocimientos y metodologías no científicas, pero que reclaman dicho carácter.»[lxviii]

También se puede decir que, las terapias de conversión no son más que manifestaciones del fundamentalismo religioso. Puesto que esas absurdidades lo que hacen es certificar, por medio de los profesionales de la salud mental que se han dejado embrutecer por las irracionalidades y babosadas religiosas, que los miembros de la comunidad lésbica, gay, bisexual, transexual y transgénero son dizque pecadores y seres anormales.

Esto que estamos discutiendo nos hace recordar lo que ocurre en Malasia –un país dominado por el cabrón y discriminante mahometismo–. Allí, tristemente, el *fundamentalismo mahometano* es tan macabro y potente: (1) que las relaciones homosexuales y bisexuales son ilegales, al punto de que los penalmente condenados por haber cometido tales acciones se exponen a una pena de veinte años de cárcel; y (2) que gran cantidad de expertos en asuntos relacionados con la salud mental creen, en el nombre de la inexistente cosa llamada *Alá,* que las terapias de conversión son efectivas en los menores de edad.

Pues bien, todo eso ha ocasionado que los profesores de las escuelas tengan un trabajo dual. Por un lado, está la función de impartir el pan de la enseñanza diaria y, por el otro, el de fungir como agentes del Estado mahometano en busca de jóvenes homosexuales o afeminados.

Y sobre esto último, es importante saber que cuando los profesores ven que dentro de sus aulas hay jóvenes con las mencionadas características: (1) invocan a la inexistente cosa llamada Alá; y (2) llaman a los agentes del orden público.

A los fines de que los jovencitos sean llevados a unos discriminantes reformatorios en donde varios cabrones –*entre ellos expertos en salud mental*– que no tienen nada mejor que hacer con sus patéticas vidas, se encarguen de hacer todo lo que sea posible: (a) para que los jóvenes homosexuales se conviertan en heterosexuales; y (b) para «*corregir* el comportamiento afeminado» en el nombre de la inexistente cosa llamada *Alá.*[lxix]

Dicho eso, opinamos que es necesario seguir profundizando un poco más por motivo de que, de lo discutido, se puede notar un asunto altamente perturbador. Los profesionales de la salud mental que creen en la efectividad de las abominables terapias de reorientación sexual presentan, indiscutiblemente, un elevado y preocupante grado de narcisismo y estupidez. Nos explicamos.

Vimos antes que los terapeutas que creen en la efectividad de las alocadas terapias de conversión son, por lo regular, unos patéticos fanáticos religiosos que creen que por ahí hay unos inexistentes *seres sobrenaturales* que pueden realizar actos de magia: (*1*) fuera de los lentes de las cámaras de los noticieros; y (*2*) fuera de las instituciones de educación superior más respetadas.

Pues bien, si analizamos lo dicho con gran profundidad intelectual notaremos que esos terapeutas de la imbecilidad religiosa creen, tácitamente, que ellos son intermediarios entre los inexistentes *dioses-abracadabra* y los miembros de la comunidad lésbica, gay, bisexual, transexual y transgénero.

Es decir, los terapeutas del «abracadabrismo» religioso piensan que si ellos hacen un buen trabajo y los miembros de la comunidad lésbica, gay, bisexual, transexual y transgénero ponen de su parte durante las terapias de conversión, los inexistentes dioses del «abracadabrismo» religioso: (1) pueden manifestarse; y (2) pueden convertir en heterosexuales a los miembros de la comunidad *LGBT*.

Habiendo discutido todo lo anterior, nos resta mencionar que son abominables, peligrosos y vergonzosos –particularmente para todos los *colegios profesionales* que están relacionados con la salud mental– todos esos terapeutas y académicos que utilizan y/o endosan las terapias de reorientación sexual.

Parece mentira que esas personas, que tienen licencias estatales para *ejercer profesiones* socialmente importantes, crean en unos asuntos que están relacionados con la pseudociencia. Parece mentira, además, que esos profesionales de la salud mental: (1) coloquen sus creencias religiosas por encima de la data científica; y (2) crean que la bisexualidad y la homosexualidad son unas orientaciones sexuales abominables y/o anormales.

Por eso siempre hemos creído que a todos esos sicólogos, siquiatras, consejeros y trabajadores sociales que creen y fomentan la utilización de las terapias de conversión se les deben revocar sus licencias profesionales. Puesto que ningún Estado democrático, republicano y fomentador de la investigación científica debe permitir que, con sus licencias profesionales, se estén ofreciendo terapias peligrosas, absurdas y, sobre todo, fomentadoras de discrímenes indebidos hacia los miembros de la comunidad lésbica, gay, bisexual, transexual y transgénero.

Pero vamos más lejos. Aunque en los Estados democráticos y laicos, como Estados Unidos de América, son pocos los profesionales de la salud mental que recomiendan y creen en la efectividad de las terapias de reorientación sexual o terapias de conversión, la realidad es que si sumamos todos esos pocos que existen alrededor del mundo notaremos que se convierten en un montón de imbéciles. Por consiguiente, se puede decir que a nivel mundial son muchísimos los profesionales de la salud mental: (1) que ofrecen ese tipo de aberrante y discriminatoria terapia; y (2) que tienen sus pensamientos severamente jodidos por causa de las religiones.

Por consiguiente, los colegios y las asociaciones profesionales que están relacionadas con la salud mental, como la Asociación Estadounidense de Psicología, deben establecer en sus manuales de anormalidades mentales un conjunto de características que establezcan, de manera clara, que los profesionales de la salud mental que ofrezcan servicios de terapias de conversión sufren de algún tipo de anormalidad en el pensamiento.

Eso es urgente que se haga puesto que un profesional de la salud mental que crea en esas sandeces homofóbicas (terapias de reorientación sexual), luego de haber recibido un sinnúmero de *entrenamientos universitarios* basados en informaciones científicamente validadas y aceptadas, representa un grave peligro para la sociedad. Puesto que va a estar utilizando su licencia profesional, al igual que su aura de respetabilidad: *(1)* para estar propagando ideas homofóbicas y seudocientíficas entre la población; y *(2)* para ocasionarles serios daños emocionales a los miembros de la *comunidad LGBT* que atienda de manera profesional.

Llegados a este punto de la discusión, no vacilamos en decir que los datos que hemos discutido y plasmado han sido muy reveladores. Decimos eso ya que han demostrado: (1) el enorme poder que tienen las religiones para embrutecer a los menos educados; (2) que las religiones tienen un enorme poder para fastidiar los pensamientos de las personas universitariamente educadas; y (3) que todas las religiones, *que son satánicas y deprimentes,* pueden embrutecer los pensamientos de las personas que han sido rigurosa y científicamente entrenadas para ofrecer servicios de salud mental.

Dicho eso, ahora vamos a discutir un curioso asunto que está relacionado: *(1)* con la sicología; y *(2)* con la siquiatría. Todo parece indicar que las asociaciones y colegios profesionales que están relacionados con la salud metal han hecho algún tipo de pacto con las religiones tradicionales, con el fin de que los creyentes más idiotizados con los asuntos religiosos no sean catalogados como personas que tienen algún tipo de anormalidad en el pensamiento. Nos explicamos.

Si un caballero le dice a un psicólogo o a un siquiatra que él cree en la existencia de un ser divino llamado *la vagina peluda y divina*, y que él cree que ha establecido contacto directo con ese inexistente ser, seguramente el profesional pensará que el creyente tienen algún tipo de anormalidad en el pensamiento.

Sin embargo, si otra persona le dice a ese mismo terapeuta que le ha sucedido lo anterior con el clavado Jesucristo de la cristiandad, seguramente ese experto —a menos que sea ateo o agnóstico— no pensará que su paciente tenga algún tipo de anormalidad en el pensamiento.

Por eso siempre hemos creído que son charlatanes todos esos profesionales de la salud mental que, para su vergüenza, no tienen la valentía para clasificar como perturbados mentales a todas las personas: (1) que creen en la existencia de los inexistentes *dioses*; (2) que creen en la existencia de los *poderes sobrenaturales*; y (3) que hayan manifestado que han tenido algún tipo de contacto con los inexistentes seres sobrenaturales.

Por último, antes de cerrar este capítulo tenemos la obligación de discutir varios asuntos. Lo primero que vamos a decir es que todas las religiones tradicionales *—como el cristianismo, el judaísmo, el hinduismo y el mahometismo—* tienen, incuestionablemente, una enorme capacidad para convertir a las personas en unas abominables fundamentalistas religiosas que adoren, entre otras cabronadas, ejecutar acciones homofóbicas.

Lo segundo que vamos a decir es que la homofobia, además de ser una anormalidad en el pensamiento: (1) es una característica necesaria para que un creyente sea catalogado como un fundamentalista religioso; y (2) siempre ha estado y estará presente en los fundamentalistas religiosos más violentos y desquiciados.

Lo tercero que vamos a decir es que la homofobia es una cuestión que se puede clasificar en grados, es decir, el nivel de homofobia es diferente en cada homofóbico. Nos explicamos.

Muchas personas creen, incluyendo muchos religiosos, que los homofóbicos son aquellas personas que ejecutan actos de odio —*como agresiones, amenazas y asesinatos*— en contra de los miembros de la comunidad lésbica, gay, bisexual, transexual y transgénero. También hay muchas personas que piensan que los homofóbicos son unas personas que, entre otras barbaridades, cometen y/o fomentan que se cometan actos discriminatorios por razón de orientación sexual.

Pues bien, lo antes mencionado es una descripción incompleta sobre los homofóbicos. Puesto que para ser catalogado como un vil homofóbico, sólo basta con que se crea que son anormales, pecadores y/o abominables los miembros responsables de la comunidad lésbica, gay, bisexual, transexual y transgénero.

Habiendo explicado lo anterior, es importante que se sepa que la homofobia —*como hemos dicho*— puede ser clasificada en varios tipos. Así, por ejemplo, existe la homofobia simple, la homofobia severa y la homofobia grave. Sobre la **homofobia simple**, valga saber que dentro de esa clasificación se encuentran todas aquellas personas que piensan que los miembros de la comunidad *LGBT* son pecadores, anormales y/o enfermos mentales.

Sobre la **homofobia severa**, valga saber que dentro de ese grupo se encuentran todas aquellas personas: (1) que cometen, permiten y/o fomentan que se ejecuten actos discriminatorios en contra de los miembros de la comunidad lésbica, gay, bisexual, transexual y transgénero; (2) que se pasan diciendo públicamente que los miembros responsables de la comunidad lésbica, gay, bisexual, transexual y transgénero son anormales, pecadores, inmorales y/o enfermos mentales; y (3) que rechazan –*públicamente*– que a los miembros de la comunidad *LGBT* se les otorguen derechos y oportunidades igualitarias.

Por último, es de saber que la **homofobia grave** incluye a todas aquellas personas: (1) que deliberadamente cometen crímenes violentos –*como, por ejemplo, asesinatos y agresiones físicas*– en contra los miembros de la comunidad lésbica, gay, bisexual, transexual y transgénero; y (2) que fomentan, permiten y/o desean que los miembros de la comunidad *LGBT* sean perseguidos, ejecutados y/o encarcelados por los Gobiernos.

¿Saben quiénes se distinguen por ser unos viles homofóbicos que, para su vergüenza, se pasan incurriendo en actos de homofobia grave? Los líderes del Estado más

corrupto del mundo, a saber, los religiosos que dirigen el Estado de la Ciudad del Vaticano.

Manifestamos eso ya que la inmensa mayoría de los líderes de ese corrupto e innecesario país se han distinguido, inclusive durante estos tiempos de la modernidad, por estar exhortándoles a otros Estados a mantener clasificado como delito penal el envolverse, de manera libre y consentida, en una relación homosexual o bisexual.

También manifestamos lo anterior ya que, a lo largo de la historia, uno puede ver que los Sumos Pontífices romanos han realizado innumerables manifestaciones públicas diciendo que el mundo se debe oponer a la «despenalización universal de la homosexualidad.»[lxx]

Antes de cerrar este capítulo, es necesario aclarar un asunto. Los policías, jueces y fiscales que, en el desempeño de sus funciones oficiales, discriminan, persiguen, enjuiciar, multan y/o encarcelan a los miembros de la comunidad *LGBT* por el simple hecho de que el *Derecho* sea abusivo para con los miembros de la mencionada y minoritaria comunidad, son unas personas que, al hacer lo anterior, ejecutan actos de *homofobia grave*.

Por eso es que en países como Irán, Irak, Arabia Saudita y Afganistán, los funcionarios del *sistema de justicia criminal* que se pasan persiguiendo y fastidiando a los miembros de la comunidad *LGBT* no hacen más que incurrir en unos actos de homofobia grave que, bochornosamente, han sido legalizados.

Otro asunto que debe aclararse, antes de cerrar el capítulo, es que la mayoría de los homofóbicos necesitan recibir terapias que estén destinadas a ayudarles a salir de los armarios. Decimos eso ya que la mayoría de los homofóbicos no son más unos miembros de la comunidad *LGBT* que, por presiones familiares, religiosas y/o sociales, no han podido salir de sus respectivos armarios.

Valga saber que lo mencionado, que puede sonar chocante para algunas personas, fue confirmado por un abarcador estudio que fue realizado por investigadores: (*1*) de la **Universidad de Rochester**, (*2*) de la **Universidad de Essex**; y (*3*) de la **Universidad de California**.

Decimos eso ya que los resultados de dicho estudio, dados a conocer en 2012, demostraron que «la homofobia suele darse con más asiduidad en individuos con una atracción por el mismo sexo no reconocida, y que han crecido a la sombra de unos padres autoritarios que obviaban sus preferencias e intereses.»[lxxi]

Capítulo cinco
Admire a los miembros de la comunidad lésbica, gay, bisexual, transexual y transgénero

I. Introducción

Hay que admirar y respetar a los pacíficos y ejemplares miembros de la comunidad lésbica, gay, bisexual, transexual y transgénero. Particularmente a todos esos valientes que, arriesgándose a ser discriminados, perseguidos, detenidos, asesinados o agredidos, han tenido la valentía: (1) de hacer públicas sus orientaciones sexuales; (2) de exhortarles a otros miembros de la comunidad *LGBT* a hacer públicas sus orientaciones sexuales; y (3) de retar frontalmente a sus discriminadores en aras de exigir derechos, igualdad y tolerancia. Si uno analiza esa cuestión con sumo cuidado, realmente uno se queda boquiabierto por todo lo que han tenido que soportar los miembros de la comunidad LGBT a lo largo de la historia.

Para ver un claro ejemplo de las injusticias y abusos que han tenido que soportar los miembros de la comunidad lésbica, gay, bisexual, transexual y transgénero, que tal si recordamos al *doctor Fidel Castro* —el afamado dictador del pueblo cubano—. Todos sabemos que Fidel y sus secuaces, en un momento dado, le prometieron al pueblo cubano una Cuba llena de libertades, prosperidad y solidaridad.

Sin embargo, tan pronto dicho autócrata tomó el poder –*por medio de las armas y los fusilamientos*– comenzaron unas feroces campañas de abusos gubernamentales en contra de muchísimas personas, incluyendo en contra de los miembros de la comunidad lésbica, gay, bisexual, transexual y transgénero.

Es de saber que esas campañas de odio por parte de Fidel y sus secuaces llegaron a ser tan salvajes que, cabronamente, llegaron a declarar en un momento dado que los miembros de la comunidad *LGBT* que se encontraban en suelo cubano eran «incapaces de encarnar el modelo del revolucionario.» Por lo que ordenaron un encarcelamiento masivo de bisexuales, transexuales y homosexuales en centros de detención muy *parecidos a los «campos de concentración.»*[lxxii]

Ahora bien, es justo señalar que en estos tiempos de la modernidad, en los que el pueblo cubano espera con ansias la muerte de sus viejos líderes, Fidel y sus secuaces —que, dicho sea de paso, se han convertido en unos vetustos millonarios— ya no son tan intolerantes con los miembros de la comunidad lésbica, gay, bisexual, transexual y transgénero. ¿Saben por qué decimos eso? Porque el Gobierno cubano: (1) ha pedido perdón por los abusos cometidos en contra de los miembros de la mencionada comunidad; (2) ha autorizado las operaciones de cambio de sexo en suelo cubano; y (3) ha realizado campañas en contra de los odios y discrímenes sociales en contra de los miembros de la comunidad *LGBT.*[lxxiii]

Otro ejemplo, que nos demuestra lo mucho que han sufrido los miembros de la comunidad *LGBT,* proviene desde Alemania. Allí, tristemente, mientras el macabro imperio de los *nazis* estuvo en el poder, más de cincuenta mil homosexuales y bisexuales de nacionalidad alemana fueron humillados, perseguidos, arrestados y enviados a unos campos de concentración en donde, entre otras barbaridades, fueron sometidos a crueles experimentos. Así, por ejemplo, se sabe que muchos de ellos fueron «sometidos a experimentos médicos, como inyecciones de hormonas, lobotomías y castraciones.»[lxxiv]

En torno al asunto de las muertes de los homosexuales en los *campos (nazis) de concentración,* en donde se les obligaba a utilizar un triángulo rosado en sus haraposas vestimentas, se estima que poco más de diez mil homosexuales murieron en esos tenebrosos lugares. Y la mayoría de ellos, para que quede claro, murieron «a causa de los malos tratos» que sufrieron, no por medio de ejecuciones programadas y masivas como las de los judíos.[lxxv]

Siguiendo con el asunto tratado, es importante que se tenga más que claro que los miembros de la comunidad lésbica, gay, bisexual, transexual y transgénero no han sido únicamente perseguidos por *Gobiernos* despóticos y dictatoriales.

Si uno analiza la historia con mucho cuidado, uno se sorprenderá al ver cómo muchísimos Gobiernos democráticos también incurrieron en actuaciones persecutorias en contra de los miembros de la comunidad *LGBT.* Y si la indagación histórica se hace con extrema profundidad, uno verá que muchísimos Gobiernos democráticos, que se jactaban de defender la libertad y la democracia, adoraban cometer barbaridades inhumanas en contra de los miembros de la comunidad lésbica, gay, bisexual, transexual y transgénero.

Un buen ejemplo sobre lo antes mencionado proviene desde el Reino Unido. Allí, para el 1950, los homofóbicos que estaban envueltos en la política no habían derogado varias normativas jurídicas que establecían que la homosexualidad, al igual que la bisexualidad, era un asunto ilegal. Por eso uno puede ver que, en esos tiempos, las magistraturas inglesas se pasaban sentenciando a las mencionadas víctimas por el delito de «indecencia y perversión sexual.»[lxxvi]

Pero la homofobia y el fundamentalismo inglés llegaron a ser tan macabros que, maquiavélicamente, las legislaciones de ese país democrático establecían que los homosexuales podían ser químicamente castrados por medio de la «aplicación de una serie de inyecciones de hormonas femeninas destinadas a reducir la actividad sexual…».[lxxvii]

Y el gran problema con esos injustos y homofóbicos procesos de castración, además de que eran discriminatorios y aplicados de maneras masivas, era que buscaban destruir física y mentalmente a las víctimas. Así, por ejemplo, el *Gobierno inglés* hacía lo anterior a pesar de que sabía que sus víctimas masculinas iban a terminar calvas, impotentes, deprimidas y, sobre todo, con grandes tetas.

Es de notar que manifestamos que el *Gobierno británico*: (1) adoraba castrar a los homosexuales y bisexuales más vociferantes; y (2) adoraba castrar, de manera masiva, a los miembros de la comunidad *LGBT*. ¿Saben por qué dijimos eso? Porque se estima que poco más de cien mil personas, entre ellas músicos, científicos, matemáticos, genios y profesores universitarios, «sufrieron castración química.»[lxxviii]

Por curiosidad, *¿saben quién fue víctima de las discriminantes y abusivas castraciones británicas por el simple hecho de ser gay?* Un inigualable genio llamado **Alan Turing**. *¿Y quién fue el Dr. Alan Turing?* El doctor Turing fue, en apretada síntesis, un excepcional genio y matemático que —entre varios de los increíbles actos que realizó— tuvo el poder intelectual para crear teorías sobre la inteligencia artificial y para descifrar, durante la Segunda Guerra Mundial, los códigos secretos de los nazis. Y sobre este último punto, es necesario mencionar que haber descifrado los códigos nazis: (1) «fue clave para la victoria aliada»; y (2) fue un magnánimo acto que logró que cientos de miles de personas no perdieran la vida a manos de los nazis.[lxxix]

Antes de continuar con la discusión principal, debemos hacer un pequeño paréntesis para mencionar que el caso del *doctor Alan Turing* es demostrativo: (1) de los enormes daños que le puede ocasionar la homofobia a la ciencia; y (2) de los enormes daños que puede sufrir la ciencia a manos del fundamentalismo religioso.

Es decir, si uno analiza la historia con gran detenimiento uno puede ver, entre otras salvajadas, cómo los cabrones *homofóbicos y fundamentalistas* utilizaban sus patéticas vidas para discriminar, perseguir, encarcelar y joder a los genios que eran miembros de la comunidad *LGBT*.

Es indudable que lo antes mencionado llevaría a cualquier persona de inteligencia promedio a preguntarse *dónde estaría el conocimiento científico* si a los cabrones homofóbicos-religiosos, que siempre se han distinguido por ser unas escorias humanas, no les hubiese dado con joder a los científicos y a los genios que eran homosexuales o bisexuales. Si nosotros fuéramos a contestar dicha pregunta, diríamos que es indudable que los conocimientos científicos y filosóficos estuvieran mucho más adelantados de lo que están ahora.

Cerrado el paréntesis, ahora tenemos que decir que la admiración antes mencionada hacia los miembros de la comunidad *LGBT* es algo así como una admiración general. Puesto que si seguimos profundizando en el asunto, veremos que hay un sinnúmero de otras razones por las cuales los miembros decentes y respetuosos de la comunidad lésbica, gay, bisexual, transexual y transgénero deben ser admirados.

Y uno de esos otros motivos está relacionado con las luchas sociales –que regularmente se han hecho abiertas y frontales– que han batallado, particularmente durante los siglos *XX* y *XXI*, en contra de unas homofóbicas y discriminantes élites que, para su vergüenza, siempre han utilizado la pseudociencia, los medios de comunicación más vistos, entre otros mecanismos, para llevar el distorsionado mensaje de que los miembros de la mencionada comunidad son dizque abominables y anormales.

II. Cambios legales

Teniendo en mente lo antes mencionado, nos parece oportuno mencionar que lo más maravilloso de las incansables y ejemplares luchas de la comunidad *LGBT,* que todavía se siguen dando en este siglo *XXI,* es que han logrado cambiar —sin haber utilizado armas de fuego– un sinnúmero de asuntos legales, laborales, militares y sociales.

Y sobre ese particular, no está de más recordar que esas importantísimas luchas han logrado que las leyes, las jurisprudencias y los reglamentos de muchísimos países democráticos y republicanos hayan cambiado a favor de la comunidad *LGBT*. Así, por ejemplo, en algunos de esos países –*como en Reino Unido y en Estados Unidos de América*– se permite que los miembros de la comunidad *LGBT* soliciten asilo político, siempre y cuando tengan motivos fundados para creer que serán encarcelados, torturados y/o asesinados en sus países de origen.[lxxx]

Otro ejemplo proviene desde Alemania. Allí, en 2013, el **Tribunal Constitucional de Alemania**, mandando al carajo los deseos de los homofóbicos, tiró al zafacón «las restricciones a las parejas homosexuales para adoptar niños, por considerarlas discriminatorias *y* contrarias al principio de igualdad ante la ley.»[lxxxi]

Ahora bien, es necesario reconocer que uno de los frutos más grandiosos de esas incansables luchas ocurrió en 2001. *¿Saben por qué expresamos eso?* Porque, durante ese año, ocurrió algo histórico y positivo para la humanidad, a saber, Holanda «se convirtió en el primer país del mundo en aprobar el matrimonio entre homosexuales…».[lxxxii]

Algo impensable hace algunas décadas atrás, puesto que *la mayoría* de las personas heterosexuales y religiosas que vivían en Europa: (1) cometían, fomentaban y/o adoraban que se cometieran actos discriminatorios en contra de los miembros de la comunidad lésbica, gay, bisexual, transexual y transgénero; y (2) pensaban que los miembros de la comunidad *LGBT* eran anormales, abominables y perversos.

Teniendo en mente lo anterior, valga saber que otra extraordinaria victoria legal y social de la comunidad lésbica, gay, bisexual, transexual y transgénero ocurrió en el Reino de España. Allí, en 2005, el Gobierno estableció —*ante una fuerte oposición del incoherente e imbécil fundamentalismo cristiano y mahometano*— que las parejas que estén integradas por personas de un mismo sexo se pueden casar.[lxxxiii]

Igual de grandioso fue lo que ocurrió, en 2012, en el Reino de España. ¿Saben que ocurrió? Que el **Tribunal Constitucional de España** manifestó, dándoles unas duras bofetadas a los miembros de la Iglesia católica, que «*el matrimonio entre homosexuales es plenamente constitucional...*».[lxxxiv]

¿Saben por qué dijimos que lo anterior fue una gran victoria legal y social? Por motivo de que el Reino de España, que históricamente ha sido un *Estado cristiano y homofóbico*, siempre ha estado estrechamente vinculado con los timadores, cabrones, bellacos y homofóbicos que dirigen la Iglesia católica.

Tampoco podemos olvidar que la historia ha demostrado, con mucha claridad, que en el Reino de España se establecieron las conversiones obligatorias y los malvados grupos de la cabrona Inquisición. Sin contar que el Gobierno español, con la cooperación de la Iglesia católica, financió «la evangelización del Nuevo Mundo a través de los sacerdotes enviados en la conquista.»[lxxxv]

Antes de continuar, es preciso hacer un paréntesis para aclarar una importante cuestión jurídica. Lo que tenemos que aclarar es que en los países en donde se ha legalizado el matrimonio entre homosexuales, los Gobiernos no pueden obligar a los grupos religiosos a solemnizar ese tipo de unión matrimonial.

Por consiguiente, los matrimonios entre miembros de la comunidad *LGBT* únicamente se pueden solemnizar: (1) en iglesias que apoyen y respeten los derechos de la comunidad *LGBT;* (2) por medio de un procedimiento judicial *(ante un juez)* de índole civil; y (3) por medio —*si así lo permite la ley*— de la vía administrativa.

Eso es así por motivo de que los grupos religiosos, especialmente los tradicionales, tienen el derecho a realizar sus imbecilidades religiosas como más gusten, siempre y cuando no realicen actos demasiado de alocados. Sin contar que el derecho humano que garantiza la libertad religiosa establece, en lo pertinente, que ningún funcionario público puede «obligar a los ministros de los diferentes cultos a celebrar matrimonios que consideren contrarios a sus creencias religiosas.»[lxxxvi]

Ahora tenemos que hablar, habiendo explicado lo anterior, sobre otra gran victoria legal que obtuvieron, en los Estados Unidos de América, los guerreros de la comunidad lésbica, gay, bisexual, transexual y transgénero. Allí, después de muchísimos años de incansables luchas, los miembros de la comunidad *LGBT* llevaron a la **Corte Suprema de los Estados Unidos de América** a emitir una importantísima decisión –en el 2003– en la que se manifestó, con gran contundencia, que son nulas todas las leyes estatales y federales que condenen «las relaciones homosexuales y libres entre adultos, por considerar que son una violación inconstitucional de la privacidad.»[lxxxvii]

Comentando sobre el particular, tenemos que decir que la decisión judicial señalada es, aunque tardía, una de las más importantes en la turbulenta y violenta historia de los Estados Unidos de América. Puesto que deja más que claro, para siempre, que los homosexuales y los bisexuales no son delincuentes ni, mucho menos, abominables personas que merezcan ser perseguidas por los funcionarios públicos.

Sin contar que la decisión, de por sí, también es un devastador golpe para todos esos fundamentalistas religiosos que andan por ahí fomentando actos de odio en contra de los miembros de la comunidad lésbica, gay, bisexual, transexual y transgénero.

Habiendo explicado lo anterior, ahora tenemos que decir que el asunto de los matrimonios entre personas que pertenecen a la comunidad *LGBT,* que ahora están permitidos en varios países, no ha sido el único cambió legal de envergadura que han logrado los miembros de la mencionada comunidad. Han sido muchísimos más, y, uno de esos otros cambios ocurrió en España y en Bélgica. En esos países, para consternación de los cabrones y patéticos fundamentalistas religiosos, el Derecho permite que las parejas compuestas por personas de un mismo sexo puedan adoptar menores de edad.[lxxxviii]

Otro cambio monumental dentro del Estado de derecho de un país, particularmente dentro de los asuntos jurídicos que están relacionados con las herencias, ocurrió en Colombia. Allí, en el 2011, la **Corte Constitucional de Colombia** determinó que un homosexual tiene el «derecho a heredar el patrimonio de su pareja, al igual que como sucede con las uniones heterosexuales.»[lxxxix]

Habida cuenta de lo anterior, que tal si seguimos hablando sobre algunos de los cambios jurídicos que se han realizado en algunos países latinoamericanos en beneficio de los miembros de la comunidad lésbica, gay, bisexual, transexual y transgénero. Ello, en virtud de que los países latinoamericanos se distinguen: (1) por estar gravemente embrutecidos con asuntos religiosos; (2) por tener enormes masas de fundamentalistas religiosos que se caracterizan por su enorme homofobia; y (3) por tener una enorme cantidad de pendejos que adoran estar cometiendo actos y/o crímenes de odio en contra de los miembros de la comunidad lésbica, gay, bisexual, transexual y transgénero.

Y sobre este último punto, no está de más recordar que Brasil es el país latinoamericano que ocupa la posición «número uno en asesinatos, discriminación y violencia» en contra de los miembros de la comunidad lésbica, gay, bisexual, transexual y transgénero.[xc]

Habiendo brindado esa explicación, comenzamos la discusión diciendo que en Brasil — que actualmente es el país que tiene la mayor cantidad de católicos en el mundo— ocurrió algo sin precedentes. Allí, en el 2011, la **Corte Suprema de Brasil** determinó, de forma unánime, que las parejas estables —*o sea, las que lleven un tiempo razonable viviendo juntas*— que estén integradas por personas de un mismo sexo tienen los mismos derechos que las parejas que, además de haber cometido la locura de firmar un contrato matrimonial, están integradas por heterosexuales.

Eso significa que los concubinatos que estén compuestos por personas de un mismo sexo, pueden quedar convalidados a un rango similar al de las relaciones matrimoniales. Y al ocurrir esa convalidación jurídica, esas parejas tienen la posibilidad de, entre otros asuntos, adoptar niños y acogerse a los beneficios de un plan médico de manera conjunta.[xci]

Otro ejemplo latinoamericano proviene desde la República de Argentina. Allí, en el 2010, el Gobierno argentino aprobó una ley que permite que las parejas que estén integradas por personas de un mismo sexo se puedan casar. Ahora bien, lo que hace que la mencionada ley sea extraordinaria, según nuestro punto de vista, es el hecho de que detalla con mucha claridad que se le «concede a los gays y lesbianas todos los derechos legales, responsabilidades y protecciones que contempla el matrimonio a las parejas heterosexuales.»[xcii]

Por consiguiente, los gays y las lesbianas que se casen pueden, entre otros asuntos legales: (1) adoptar niños de manera conjunta; (2) presentar demandas de divorcio; y (3) presentar, en los casos de divorcio, peticiones de custodia de niños.

Otro ejemplo sobre lo que estamos discutiendo proviene desde México. Allí, en el 2010, la Suprema Corte de Justicia de la Nación —*popularmente conocida como la* **Suprema Corte de**

México— redactó y publicó unas decisiones judiciales que, por decir lo menos, les cayeron como cubos de excrementos a los fanáticos religiosos. Mencionamos eso ya que, en una de esas importantísimas decisiones, la Corte «reconoció la constitucionalidad del derecho de las parejas homosexuales a adoptar.»[xciii]

Mientras que en la otra decisión la *Suprema Corte de Justicia de la Nación* reconoció, luego de que se aprobaran varias reformas al *Código Civil del Distrito Federal*, que son «constitucionales los matrimonios entre homosexuales en Ciudad de México.»[xciv]

De otra parte, no está de más recordar que en algunos países democráticos y amantes de las libertades civiles se permite —gracias a las batallas pacíficamente peleadas por muchos miembros de la comunidad *lésbica, gay, bisexual, transexual y transgénero*— que las personas que hayan cambiado de sexo, por medio de procedimientos quirúrgicos, puedan cambiar el sexo y/o el nombre: (1) en los certificados de nacimiento; y (2) en los documentos de identificación gubernamental.[xcv]

Por otro lado, otro cambio legal que han logrado realizar los miembros de la comunidad lésbica, gay, bisexual, transexual y transgénero, es el haber forzado a un sinnúmero de Gobiernos democráticos y republicanos a aprobar varias normativas jurídicas que penalizan, con algún grado de severidad, los crímenes de odio ejecutados en contra de los miembros de la comunidad *LGBT*.

Por eso es que ahora uno puede ver que en varios países existen normativas jurídicas: (1) que explican qué es un crimen de odio; y (2) que establecen que se castigará, con cárcel y/o con multas, a las personas que cometan crímenes de odio en contra de los miembros de la comunidad lésbica, gay, bisexual, transexual y transgénero.

Con lo anterior en mente, cabe señalar que es una buena noticia el hecho de que los juzgadores de los hechos –*gracias a investigaciones responsables por parte de fiscales y agentes del orden público*– en los procesos criminales estén, en algunos países, condenando a los cabrones que se pasaban ejecutando crímenes de odio en contra de los miembros de la comunidad lésbica, gay, bisexual, transexual y transgénero. Es indudable que ese tipo de crimen, al igual que muchos otros, no se puede tolerar.

Dicho eso, no está de más que expongamos un ejemplo que proviene desde los Estados Unidos de América. Allí, en el 2009, un tribunal envió a la cárcel a un cabrón homofóbico que asesinó, deliberadamente, a un transgénero por el simple hecho de ser miembro de la comunidad *LGBT*.[xcvi]

Es innegable que la cuestión legal antes discutida era un asunto que, hace varias décadas atrás, era impensable. Incluyendo en algunos de los países democráticos, republicanos y consumistas que ahora han legislado para castigar severamente los crímenes de odio en contra de la comunidad *LGBT*.

Manifestamos eso ya que las iglesias, los funcionarios públicos, las comunidades científicas y los populachos de todos los países decían que *los miembros de la comunidad LGBT* eran: (1) anormales; (2) abominables; y (3) ciudadanos de segunda categoría.

Sin contar que, hasta en los países mencionados, la inmensa mayoría de los populacheros adoraban y fomentaban el discrimen, la violencia y la intolerancia hacia los miembros de la comunidad lésbica, gay, bisexual, transexual y transgénero.

Ahora bien, hay que señalar que la cuestión de estar clasificando como crímenes de odio algunas de las agresiones físicas que sufren los miembros de la comunidad lésbica, gay, bisexual, transexual y transgénero no se puede considerar una victoria legal de grandes proporciones. Puesto que esas legislaciones no impiden –*ni impedirán*– que ocurran crímenes como los mencionados.

No se puede olvidar, además, que dentro de los sistemas de justicia de los países democráticos y republicanos hay muchísimos policías, fiscales y jueces: (1) que son homofóbicos; y/o (2) que no han recibido los debidos entrenamientos para investigar, de adecuadas maneras, los casos que aparenten ser *«crímenes de odio LGBT.»*

Habiendo discutido todo lo anterior, entendemos que no podemos continuar con la discusión sin definir, aunque sea someramente, el asunto de los crímenes de odio. Sobre ello, valga saber que **un crimen de odio** es, en apretada síntesis, «un delito dirigido contra una persona o un grupo de personas a causa de los prejuicios o del odio del autor hacia la raza, el origen étnico, la religión, *la orientación sexual, la identidad de género* u otra característica de la persona o del grupo.»[xcvii]

Explicado ese asunto, entendemos que debemos mencionar en este tramo que las nuevas doctrinas jurídicas del mundo democrático y libre han establecido, con muchísima claridad, que «la sexualidad y el ejercicio de ella son dos asuntos en los que ni las leyes ni el Estado tienen nada que opinar.»[xcviii]

Lo que significa, si estiramos lo antes mencionado un poco más, que los Estados: (1) no deben estar tipificando como delitos o como faltas administrativas las relaciones homosexuales o bisexuales; (2) deben reconocer los matrimonios entre homosexuales que se hayan celebrado en otros países; (3) no deben estar prohibiendo que los miembros de la comunidad *LGBT* adopten menores de edad; y (4) no deben impedir o dificultar los matrimonios entre los miembros de la comunidad *LGBT*.

Con lo anterior en mente, debe tenerse en cuenta que las personas naturales no son las únicas que pueden cometer actos de odio en contra de los grupos minoritarios, puesto que los Estados también los pueden cometer. De hecho, en este mundo de mierda son muchísimos los Estados que cometen actos de odio en contra de personas que pertenecen a grupos minoritarios y/o *a grupos populacheramente odiados*. Y lo más grave de eso es que los Estados que incurren en actos como los señalados, abusivamente, tienden a utilizar el *Estado de derecho* para legitimar tales abominables acciones.

Con respecto a lo anterior, valga saber que la inmensa mayoría de los actos gubernamentales de odio que se ejecutan en el mundo se ejecutan en contra de la comunidad lésbica, gay, bisexual, transexual y transgénero. Valga saber, además, que los actos de odio por parte de los *Gobiernos* se pueden ejecutar de disímiles maneras. Así, por ejemplo, cuando un país utiliza sus leyes y jurisprudencias para decir que los miembros de la comunidad *LGBT* son personas abominables, está cometiendo un acto de odio gubernamental.

También ocurre un *acto de odio gubernamental* cuando un país utiliza sus leyes y jurisprudencias para decir que los miembros de la comunidad *LGBT* son unos ciudadanos de segunda categoría que, por decir lo menos, tienen menos derechos que los heterosexuales.

Valga saber que ese tipo de acto de *odio gubernamental* lo vemos, por ejemplo, cuando un país democrático y republicano establece en el Derecho: (1) que los homosexuales no se pueden casar entre sí; (2) que los miembros de la comunidad *LGBT* no pueden adoptar niños; y (3) que las parejas compuestas por homosexuales no pueden beneficiarse de los mismos beneficios económicos y civiles que benefician a las parejas compuestas por heterosexuales.

Sobre esto que estamos discutiendo, resulta preciso añadir que cuando un Estado que dice ser democrático y laico utiliza el Derecho para prohibir actos que están estrechamente relacionados con los miembros de la comunidad lésbica, gay, bisexual, transexual y transgénero –*como puede ser prohibir los matrimonios entre homosexuales y las adopciones de niños huérfanos por parte de miembros de la comunidad LGBT*–, lo que está haciendo es utilizando asuntos religiosos para tratar de justificar –tácitamente– sus homofóbicas acciones gubernamentales.

Lo que, a todas luces, es una clara violación a la doctrina de separación entre religión y Estado. No olvidemos que está demostrado que la homofobia, incluyendo los actos discriminantes en contra de los miembros de la comunidad *LGBT,* es un engendro de la religión.

Por otro lado, resulta importante destacar que las luchas que se pelearon *–y que se están peleando–* en los países democráticos y republicanos por parte de los miembros de la comunidad lésbica, gay, bisexual, transexual y transgénero, siguen aumentando el abanico de protecciones para los miembros de dicha comunidad.

Por eso es que ahora, en estos tiempos de calentamiento global, uno puede ver que en muchísimos países existen múltiples normativas jurídicas, entre ellas leyes y jurisprudencias: (1) que condenan con gran severidad los actos discriminatorios que se cometen en contra de los miembros de la comunidad LGBT; y (2) que han dejado más que claro que las actividades públicas, pacíficas y multitudinarias que realicen los miembros de la comunidad *LGBT* están jurídicamente protegidas.

Un buen ejemplo sobre eso proviene desde Lituania. Allí, en el 2010, el **Tribunal Supremo de Lituania** manifestó que *los miembros de la comunidad lésbica, gay, bisexual, transexual y transgénero* tienen, para consternación de los homofóbicos, la facultad legal para realizar desfiles, marchas multitudinarias y manifestaciones públicas.

Pero hay más, puesto que esa decisión también indica que los empleados y funcionarios públicos no puede prohibir las mencionadas actividades: (1) por el simple hecho de que entiendan que los manifestantes tengan altas probabilidades de sufrir actos violentos a manos de los homofóbicos; ni (2) por el simple hecho de que un gran número de homofóbicos se opongan a ellas.[xcix]

Es meritorio tener presente que lo más que sorprende de lo que estamos discutiendo, es el contenido de muchas de las normativas jurídicas que están siendo aprobadas y publicadas en estos días. Puesto que les brindan unas protecciones increíbles a los miembros de la comunidad lésbica, gay, bisexual, transexual y transgénero.

Un buen ejemplo sobre eso, fue una interesantísima decisión que redactó y publicó la *Corte Suprema de California*. Según esa importantísima decisión, dada a conocer en el 2008, ningún médico –que posea una licencia profesional para trabajar como médico dentro del estado de California (EE.UU)– puede invocar sus creencias religiosas para no brindarle un servicio médico u hospitalario a un miembro de la comunidad lésbica, gay, bisexual, transexual y transgénero.[c]

Otro ejemplo sobre lo que estamos discutiendo proviene desde Alemania. Allí, el Estado de derecho establece que ninguna persona puede utilizar su derecho a la liberad de expresión para fomentar que se cometan crímenes de odio en contra de los miembros de la comunidad lésbica, gay, bisexual, transexual y transgénero.

Inclusive, *el Derecho alemán* también establece que si la persona que expresa los mensajes de odio es un extranjero legalmente admitido al país: (1) se le puede cancelar su permiso de inmigración; y (2) se le puede decir que abandone *Alemania* de forma inmediata.[ci]

Por otro lado, es de saber que los miembros de la comunidad lésbica, gay, bisexual, transexual y transgénero han logrado realizar algunos cambios jurídicos en algunos países mahometanos. Algo verdaderamente impensable, puesto que el *mahometismo tradicional* condena ferozmente la vida de los miembros de la comunidad lésbica, gay, bisexual, transexual y transgénero.

Dicho eso, valga saber que uno de esos formidables cambios ha sido el haber logrado – *después de grandes luchas en contra del fundamentalismo mahometano*– que las cirugías de reasignación de sexo se hayan convertido en procedimientos legales dentro de Malasia –*un país que está cundido de unas plagas llamadas fundamentalistas mahometanos*–.[cii]

Ahora bien, hay que tener en cuenta que el Estado de derecho de Malasia no permite que los transexuales que se hayan sometido a cirugías de reasignación de sexo –*que actualmente son poco más de cincuenta mil*– cambien, dentro de sus documentos de identidad gubernamental, las informaciones relacionadas con el sexo. Tampoco permite el cambio de nombre por razón de las mencionadas operaciones. Sin contar que tener relaciones sexuales con personas de un mismo sexo también es ilegal.[ciii]

Turquía es otro país mahometano en donde los miembros de la comunidad lésbica, gay, bisexual, transexual y transgénero han logrado formidables cambios legales. Allí, a pesar de una enorme oposición populachera y mahometana, el Derecho no establece que las relaciones sexuales entre personas del mismo sexo sean ilegales.[civ]

Ahora bien, es de advertir que en Turquía sigue siendo algo peligroso pertenecer a la comunidad lésbica, gay, bisexual, transexual y transgénero. Puesto que los crímenes de odio, al igual que los abusos policiales, en contra de los miembros de la comunidad *LGBT* son constantes.

Habiendo llegado a este punto de la discusión, nos imaginamos que muchas personas se habrán sorprendido por los enormes cambios legales que se han efectuado en el mundo gracias a las ejemplares e incansables luchas de la comunidad lésbica, gay, bisexual, transexual y transgénero. Pero lo que van a ver ahora, indudablemente, les causará más sorpresa. *¿Saben por qué?* Puesto que las referencias sobre lo que explicaremos provienen desde un país que se caracteriza, entre otros asuntos, por tener un fundamentalismo mixto y una homofobia mixta.

¿Se imaginan de qué lugar estamos hablando? Como sabemos que no lo saben, les vamos a decir que lo que vamos a discutir ahora proviene desde

Israel –*un país que está lleno de fundamentalistas judíos, cristianos y mahometanos*–. Lo primero que vamos a decir sobre el particular es que, la comunidad lésbica, gay, bisexual, transexual y transgénero ha forzado al *Gobierno israelí* a efectuar unos enormes cambios legales. Y uno de esos grandes cambios ocurrió en *1988,* puesto que en ese año se estableció que pertenecer a la comunidad señalada no era delito.

Otro de los grandes cambios dentro del Estado de derecho israelí ocurrió en 2005, puesto que el **Tribunal Supremo de Israel** determinó que la comunidad lésbica, gay, bisexual, transexual y transgénero puede realizar, incluso ante la oposición de los líderes religiosos, manifestaciones públicas y masivas, como, por ejemplo, paradas de orgullo homosexual. Pero lo más increíble de esa decisión judicial, fue que el tribunal determinó que ese importantísimo derecho se extiende a las calles de *Jerusalén* –una zona que, como todos sabemos, ha sido clasificada como una zona sagrada–.[cv]

Otra colosal victoria legal, en territorio israelí, para la comunidad lésbica, gay, bisexual, transexual y transgénero ocurrió en 2006. Toda vez que, durante ese año, el **Tribunal Supremo de Israel** determinó que los matrimonios entre personas de un mismo sexo que se hayan celebrado legalmente en el extranjero pueden ser, incluso con la oposición de los líderes religiosos, convalidados en Israel aunque no exista una ley que permita la celebración de tales matrimonios dentro del territorio israelí.

Es importante tener en cuenta que lo maravilloso de esa decisión judicial, aparte del reconocimiento legal a los matrimonios *LGBT* celebrados en el extranjero, es que ahora se les permite a las mencionadas parejas, «entre otras cosas, disfrutar de las pensiones de sus cónyuges, firmar autorizaciones por ellos en caso de inhabilitación física, y adoptar legalmente a hijos del otro.»[cvi]

Siguiendo con los asuntos legales de Israel, valga saber que en *2009* también ocurrió algo maravillo para los miembros de la comunidad *LGBT*. Allí, sorpresivamente, el **Tribunal de Familia de Tel Aviv** autorizó, bajo protestas de muchísimos fundamentalistas religiosos, a una pareja de homosexuales que se había casado –en 2004– legalmente en Canadá, a adoptar a un pequeño y desamparado menor de edad.[cvii]

Cabe mencionar, para terminar, que durante las últimas décadas los miembros de la comunidad lésbica, gay, bisexual, transexual y transgénero han logrado otro cambio significativo dentro del mundo jurídico, a saber, contar con el apoyo de muchísimos juristas de alto calibre.

Es decir, hoy en día uno puede ver que por ahí hay un montón de tratadistas, abogados prominentes, profesores de Derecho y jueces de tribunales de última instancia que se pasan abogando a favor de los miembros de la comunidad *LGBT*. Algo que era impensable hace muchísimos años atrás, puesto que para esos tiempos era normal que casi todos los profesionales mencionados estuvieran a favor de la homofobia legalizada.

Dicho eso, cabe mencionar que un buen ejemplo sobre un prominente profesor de Derecho que se pasa abogando a favor de los miembros de la comunidad lésbica, gay, bisexual, transexual y transgénero proviene desde los Estados Unidos de América.

Allí, sorpresivamente, el **Dr. Barack Obama**, Presidente de los Estados Unidos de América y exprofesor de derecho constitucional de la Universidad de Chicago, manifestó en cierta ocasión –luego de haber realizado un profundo análisis del derecho constitucional estadounidense– que toda legislación que prohíba «el matrimonio homosexual» *es discriminatoria e inconstitucional.*[cviii]

Otro ejemplo sobre lo que estamos discutiendo proviene desde Brasil. Allí, para consternación de los religiosos, el Dr. Gilmar Mendes –magistrado de la **Corte Suprema de Brasil**– manifestó, en 2011, que impedir que las parejas que estén integradas por personas de un mismo sexo se unan en matrimonio, al igual que tratarlas jurídicamente de forma desigual a las parejas compuestas por heterosexuales, «impide el pleno ejercicio de derechos fundamentales básicos del ser humano.»[cix]

III. Cambios militares

Por otro lado, ahora vamos a hablar sobre algunos de los cambios que, gracias a la revolución *LGBT,* se han realizado dentro de algunas fuerzas militares. Lo primero que vamos a decir es que los cuerpos militares, indudablemente, no son más que unas violentas organizaciones que tienen la misión de matar y, sobre todo, de ejecutar todas aquellas órdenes que les impartan los viejos millonarios que controlan las riendas de los *Gobiernos.*

Y como esos grupos viven de la violencia y del caos, no es extraño observar que la inmensa mayoría de los miembros de tales agrupaciones –*la mayoría de ellos hombres corpulentos y borrachones*– adoren estar ejecutando acciones en donde puedan demostrar sus fuerzas, sus hombrías y, sobre todo, sus valentías.

Por eso no es extraño ver que, a lo largo de la historia, en las fuerzas armadas siempre ha habido cierto grado de rechazo hacia el reclutamiento: (1) de homosexuales; (2) de bisexuales; y (3) de varones que presenten notables manierismos afeminados o estereotípicamente femeninos. Sin contar que esos violentos grupos también se han caracterizado por criticar y humillar a los soldados que, a pesar de ser heterosexuales y varones, presentan notables *manierismos afeminados o estereotípicamente femeninos.*

Esto que estamos discutiendo nos ha hecho recordar un caso que ocurrió en Brasil. Allí, en 2010, el **Superior Tribunal Militar de Brasil** manifestó que las fuerzas armadas pueden separar del servicio militar: (1) a todos aquellos soldados y oficiales que hayan indicado que pertenecen a la comunidad *LGBT*; y (2) a todos los militares que, por sus conductas, hayan levantado fuertes sospechas de pertenecer a la comunidad *LGBT*.

Es importante tener en cuenta, que lo manifestado no es lo más cabrón de la mencionada decisión jurídico-militar. Puesto que lo más cabrón es que se escribió que los militares que hayan admitido, libre y abiertamente, que son parte de la comunidad *LGBT* «denigran la imagen de las *Fuerzas Armadas*», puesto que sus orientaciones sexuales son dizque «incompatibles con el decoro militar.»[cx]

Con lo anterior en mente, es justo señalar que en algunos países democráticos y consumistas, como en Puerto Rico, la homofobia dentro de las fuerzas militares ha disminuido notablemente. Hasta el punto de que uno puede ver que a la mayoría de los militares más jóvenes, especialmente a los que han visto acción en los escenarios de guerra, no le importa un carajo que sus hermanos y hermanas de armas sean miembros de la comunidad lésbica, gay, bisexual, transexual y transgénero.

Y sobre este particular, no está de más recordar que varios sondeos que se han realizado dentro de las *Fuerzas Armadas de los Estados Unidos de América* han demostrado, con gran claridad, que a los soldados más jóvenes «les importa poco la orientación sexual de los efectivos.»[cxi]

Habiendo dicho eso, tenemos que decir que *la revolución LGBT* ha logrado que los Gobiernos de muchísimos países hayan aprobado innumerables normativas *jurídico-militares* a favor de los miembros de la comunidad lésbica, gay, bisexual, transexual y transgénero.

Un buen ejemplo sobre eso proviene desde Israel. Decimos eso ya que, por increíble que parezca, el *derecho militar de Israel* establece que los homosexuales: (1) pueden servir dentro de las fuerzas militares; y (2) no tienen que esconder su orientación sexual.

Pero lo más sorprendente del derecho militar israelí es que establece: (1) que ningún oficial, por más alto que sea su rango, puede cometer actos discriminatorios en contra de «los militares que declaren abiertamente su homosexualidad»; y (2) serias penalidades para los militares que cometan actos homofóbicos en contra de los soldados que sean parte de la comunidad *LGBT*.[cxii]

Otra gran victoria –relacionada con asuntos militares– para los miembros de la comunidad lésbica, gay, bisexual, transexual y transgénero ocurrió en los Estados Unidos de América. Allí, en 2010, el *Gobierno de los Estados Unidos de América* aprobó una ley que establece, en lo pertinente: (1) que los militares que sean parte de la comunidad *LGBT* no tienen que esconder sus orientaciones sexuales; y (2) que las fuerzas militares tienen que reclutar a todos aquellos miembros de la *comunidad LGBT* que hayan aprobado las pruebas de admisión y que hayan abiertamente declarado ser parte de la *comunidad LGBT*.[cxiii]

Comentando sobre lo anterior, tenemos que decir que la normativa aprobada es un gran acto de justicia y, sobre todo, una corrección jurídica sin precedentes. Puesto que, antes de la aprobación de dicha normativa, los homofóbicos que laboraban en las *Fuerzas Armadas de los Estados Unidos de América* se pasaban utilizando el derecho militar y el derecho federal para fastidiar y cometer actos discriminatorios en contra de los miembros de la comunidad lésbica, gay, bisexual, transexual y transgénero.

De hecho, esto nos trae a la mente una ley federal que, por muchísimos años, fue utilizada por las Fuerzas Armadas de los Estados Unidos de América para fastidiar, perseguir, humillar y discriminar legalmente en contra de los miembros de la comunidad *LGBT*. Dicha ley, que fue aprobada por el presidente Bill Clinton –*un bellaco que se pasaba utilizando su popularidad y poder para serle infiel a su esposa*– en 1993, establecía que los miembros de la comunidad *LGBT* podían trabajar en las fuerzas militares siempre y cuando mantuvieran en secreto sus preferencias sexuales y afectivas.

Pero eso no era lo más cabrón de esa homofóbica ley –*popularmente conocida como la ley «no preguntes, no lo digas»*–, puesto que había una homofóbica cláusula que establecía que el Estado Mayor General podía expulsar «a todo aquel del que tuviera conocimiento que era homosexual.»[cxiv] Debe saberse, por curiosidad, que esa ley fue tan nefasta para los miembros de la comunidad *LGBT* que, durante su vigencia, cerca de «*13.000 soldados*» que pertenecían a la comunidad *LGBT* fueron injustamente expulsados.[cxv]

Siguiendo con lo que estamos discutiendo, valga saber que el Reino Unido es otro país que ha cambiado sus leyes para permitir que los miembros de la comunidad *LGBT* puedan servir en las fuerzas militares sin tener que mantener en secreto sus preferencias sexuales. Pero la tolerancia del derecho militar del mencionado país es tan extensa que, agraciadamente, permite que los mencionados militares participen, vistiendo sus lustrosos uniformes, en marchas relacionadas con el orgullo *LGBT*.[cxvi]

Cónsono con lo anterior, es importante tener en cuenta que el **Tribunal Europeo de Derecho Humanos** (también denominado Tribunal de Estrasburgo y Corte Europea de Derechos Humanos) redactó y publicó una decisión judicial sobre lo que hemos estado discutiendo. En dicha decisión judicial, que solamente le aplica al *Reino Unido*, los jueces manifestaron que violentan los derechos humanos todas aquellas normativas gubernamentales y militares que prohíban que los miembros de la comunidad *LGBT*, particularmente los que no hayan mantenido en secreto sus preferencias sexuales, trabajen en las fuerzas armadas.[cxvii]

Por último, no podemos cerrar esta sección sin indicar lo que ha dicho la ciencia sobre la participación de los miembros de la comunidad *LGBT* en las fuerzas militares. Sobre ese asunto, debe saberse que las ciencias de la conducta humana están a favor de que los miembros de la comunidad *LGBT* sean parte de las fuerzas militares.

Para darle algo de peso a lo indicado, no está de más mencionar que la *Asociación Estadounidense de Psicología* (American Psychological Association o APA en inglés) ha indicado que no hay ninguna razón científicamente validada para impedir que los miembros de la comunidad *LGBT,* incluyendo los que no desean mantener *en secreto* sus orientaciones sexuales, sean parte de las fuerzas militares.[cxviii]

IV. Importancia y aceptación social

Por otro lado, no se puede perder de vista que las luchas que han batallado —y que todavía siguen batallando— los miembros de la comunidad lésbica, gay, bisexual, transexual y transgénero, agraciadamente, también han logrado numeroso cambios sociales y científicos en muchos países democráticos y republicanos. Y uno de esos grandiosos cambios ha sido llevar a la ciencia, particularmente a *las ciencias de la conducta humana,* a entender que los miembros de la comunidad *LGBT* no son anormales ni abominables.

¿Saben por qué lo anterior es un grandioso cambio? Por motivo de que, no hace mucho tiempo atrás, la inmensa mayoría de los académicos y profesionales de la salud mental que laboraban alrededor del mundo, influenciados por pendejadas religiosas, decían que los miembros de la comunidad lésbica, gay, bisexual, transexual y transgénero eran personas que estaban dizque mentalmente enfermas.

Por eso siempre hemos pensado que los grupos que están relacionados con las ciencias de la conducta humana, especialmente los profesionales de la salud mental, siempre tendrán que disculparse con los miembros de la comunidad lésbica, gay, bisexual, transexual y transgénero. Toda vez que la historia demuestra: (1) que los profesionales de la salud mental se pasaban cometiendo salvajadas seudocientíficas en contra de los miembros de la comunidad *LGBT;* y (2) que los homofóbicos más violentos y vociferantes utilizaban argumentos seudocientíficos, publicados por profesionales de la salud mental, para humillar, perseguir y fastidiar a los miembros de la comunidad *LGBT.*

Ahora bien, tenemos que reconocer que una vez se corrigió la mencionada irresponsabilidad los académicos y científicos se pusieron a estudiar con seriedad y profundidad los asuntos que atañen a la comunidad lésbica, gay, bisexual, transexual y transgénero. Y, como resultado de eso, comenzaron a publicar un montón de estudios responsables y científicamente confiables sobre asuntos relacionados con la comunidad *LGBT.*

Debe tenerse en cuenta que en muchísimos de esos estudios, para consternación de los homofóbicos, los investigadores descubrieron un sinnúmero de asuntos positivos y fascinantes relacionados con la comunidad *LGBT*. Así, por ejemplo, ahora son varias las referencias científicas que nos informan que los homosexuales, por lo menos los que viven en países democráticos y consumistas, *están mejor educados que los heterosexuales.*

Y sobre ese asunto, no está de más mencionar que la superioridad educativa de los homosexuales –*sobre los heterosexuales*– es tan marcada en la mayoría de los mencionados países que, como regla general, tienden a manejar, entender y, sobre todo, a utilizar de una mejor manera las nuevas tecnológicas que están relacionadas con la computación.[cxix]

Siguiendo con lo discutido ahora debe saberse que, en años recientes, la data científica también ha demostrado que las parejas que están integradas por homosexuales tienden a ser más responsables que las heterosexuales a la hora de tener hijos. Puesto que las parejas homosexuales tienden a planificar, cuidadosamente, los momentos en los que tendrán hijos.

De hecho, la evidencia demuestra que las *parejas homosexuales*, al igual que los homosexuales solteros, tienden a tener hijos (que pueden ser adoptados) cuando se encuentran en unos momentos en los que tienen: (1) el tiempo; y (2) los recursos económicos necesarios para poder criar y educar adecuadamente.[cxx] Mientras que las parejas heterosexuales, particularmente las que viven en países democráticos y consumistas, tienden a tener hijos como meras consecuencias de estar follando.

En otras palabras, la mayoría de las parejas que están compuestas por heterosexuales no tienden a realizar una planificación familiar responsable. Y, como consecuencia de ello, se pasan teniendo hijos no planificados que llegan en unos momentos en los que no están ni económica ni mentalmente preparados. Aunque es justo señalar que en los últimos lustros, particularmente en los países más avanzados, se ha visto un auge hacia la planificación familiar responsable por parte de las parejas compuestas por heterosexuales.

Dicho eso, ahora tenemos que decir que otro gran cambio que se ha efectuado gracias a las incansables y ejemplares luchas de los miembros de la comunidad lésbica, gay, bisexual, transexual y transgénero, es que algunos jefes de Estado han permitido que algunos miembros de la comunidad *LGBT* ocupen posiciones gubernamentales de notable importancia y poder.

Un buen ejemplo sobre eso ocurrió en Estados Unidos de América. Allí, en el *2009,* el Dr. David Huebner —*un valiente e inteligente abogado que nunca ocultó su homosexualidad*— fue nombrado y confirmado como representante diplomático de los Estados Unidos de América «en Nueva Zelanda y el Estado Independiente de Samoa.»[cxxi]

Otro ejemplo sobre lo que estamos discutiendo también proviene desde los Estados

Unidos de América. Allí, en 2010, Amanda Simpson —*una persona bien brillante que realizó estudios en aviación, «física, ingeniería y administración de empresas»*— fue nombrada Asesora Técnica Senior en el Departamento de Comercio de los Estados Unidos de América. Pero lo que muchas personas no sabían, particularmente los cabrones e intransigentes homofóbicos, era que Amanda:

> (1) había nacido varón y con el nombre de *Mitchell Simpson*;
>
> (2) se había sometido a una cirugía de reasignación de sexo; y
>
> (3) había cambiado su nombre y sexo en el certificado de nacimiento.[cxxii]

Teniendo en cuenta lo anterior, es forzoso llegar a la conclusión de que el mencionado cambio —*que le ha permitido a los miembros de la comunidad lésbica, gay, bisexual, transexual y transgénero tener representación en algunos centros de poder gubernamental*— es uno de los más importantes en la historia moderna. Habida cuenta de que les permite a los miembros de la comunidad *LGBT,* por lo menos en algunos países, ocupar posiciones de liderazgo gubernamental sin tener que mantener en secreto sus preferencias sexuales y afectivas.

Y eso, sin lugar a dudas, es una cuestión grandiosa. Por motivo de que, hace varias décadas atrás, era prácticamente imposible –incluso en los Estados Unidos de América– que los miembros de la comunidad *LGBT* ocuparan posiciones gubernamentales importantes sin tener que mantener en secreto sus preferencias sexuales y afectivas.

Ahora bien, se debe tener presente que en los países democráticos y republicanos son muy pocos los miembros de la comunidad lésbica, gay, bisexual, transexual y transgénero: (a) que ocupan posiciones gubernamentales de alto poder; y (b) que ocupan posiciones importantes dentro de las empresas privadas.

Eso obedece a que en esos países, incluso en los que tienen normativas jurídicas que condenan algunos *actos homofóbicos*, los actos discriminatorios en contra de los miembros de la comunidad *LGBT* siguen siendo significativos. De hecho, es increíble conocer que en muchos centros de trabajo del primer mundo, en aras de poder ser nombrados a posiciones poderosas e importantes, todavía se les pide a los miembros de la comunidad *LGBT* que mantengan en secreto sus orientaciones sexuales.

Y como eso es así, no es extraño ver que muchos miembros de la comunidad *LGBT* –en aras de poder alcanzar posiciones importantes– decidan mantener en secreto sus preferencias sexuales y afectivas.

Es indudable que lo antes manifestado es una aberración de titánicas proporciones. Se justifica que digamos eso por motivo de que pedirle a un miembro de la comunidad *LGBT* que mantenga en secreto lo que naturalmente es, es pedirle que renuncie a lo que por naturaleza es.

Por eso estamos de acuerdo con la **Corte Suprema del Reino Unido** cuando manifiesta, en lo pertinente, que es ilegal y discriminatorio pedirle a un miembro de la comunidad *LGBT* que oculte o sea discreto con los asuntos que estén relacionados con su orientación sexual. Habida cuenta de que una petición de ese tipo, además de ser indigna y discriminante, lo que hace es pedirle a la persona que niegue «su identidad.»[cxxiii]

Por otro lado, es de saber que otro cambio social que ha logrado la comunidad lésbica, gay, bisexual, transexual y transgénero, es el haber aumentado en muchísimos países: (1) la aceptación social de sus miembros; y (2) la aceptación de los asuntos que están relacionados con la comunidad *LGBT*.

Y entiéndase por aceptación, entre otros asuntos: (1) que gran cantidad de los populachos heterosexuales vean a los miembros de la comunidad lésbica, gay, bisexual, transexual y transgénero como personas normales; (2) que los populachos heterosexuales comprendan que las orientaciones sexuales de los miembros de la comunidad *LGBT* no son extrañas, malvadas ni abominables; y (3) llevar a una cantidad significativa de heterosexuales a rechazar la homofobia.

Para darle algo de formalidad a lo acabado de mencionar, es de saber que varios investigadores del Centro Nacional de Investigación de la Opinión de la *Universidad de Chicago* (en EE. UU.) publicaron, en el 2011, los hallazgos de una interesantísima investigación.

Dichos hallazgos revelaron que en veintisiete países ha aumentado, de manera significativa, la aceptación de los asuntos que están relacionados con los miembros de la comunidad lésbica, gay, bisexual, transexual y transgénero. Además, dicha investigación reveló que «Holanda, Dinamarca, Noruega, Suiza y Bélgica» son los países en donde los asuntos de los miembros de la comunidad señalada son más comprendidos y aceptados.[cxxiv]

Teniendo en cuenta lo antes indicado, de manera particular hay que subrayar que otro de los cambios sociales que ha logrado efectuar la comunidad *LGBT* en varios países democráticos y republicanos guarda estrecha relación con la educación.

Decimos eso ya que dicho cambio, que para nosotros es más que fabuloso, está relacionado con el hecho de que se ha logrado que numerosas instituciones de educación superior ofrezcan, de manera obligatoria o electiva, cursos llenos de informaciones científicamente aceptables sobre los miembros de la comunidad lésbica, gay, bisexual, transexual y transgénero.[cxxv]

Inclusive, ahora uno puede ver que numerosas instituciones de educación superior que están ubicadas en el primer mundo, positivamente, les ofrecen a los estudiantes la oportunidad de obtener maestrías *y/o* certificados profesionales que tienen una concentración en asuntos relacionados con la comunidad lésbica, gay, bisexual, transexual y transgénero.

Un buen ejemplo sobre eso proviene desde la **Universidad de Michigan**, ubicada en los Estados Unidos de América. Allí, para bochorno de los homofóbicos, los estudiantes tienen la oportunidad de obtener un certificado profesional, luego de obtener quince créditos universitarios a nivel graduado, que está estrechamente relacionado con la comunidad *LGBT*. De hecho, una vez los estudiantes completan todos los requisitos académicos obtienen un diploma que dice, entre otras palabras, «*Graduate Certificate in Lesbian, Gay, Bisexual, Transgender, and Queer Studies.*»[cxxvi]

Otro ejemplo sobre lo que estamos discutiendo proviene desde la **Universidad de la Ciudad de Nueva York**, ubicada en los Estados Unidos de América.[cxxvii] Allí, después de pagar muchísimo dinero, los estudiantes tienen la oportunidad de obtener *un doctorado o una maestría en estudios interdisciplinarios, con concentración en estudios relacionados a la comunidad LGBT.*

Siguiendo con el asunto de los cambios educativos, valga saber que las comunidades *LGBT* también han logrado que algunos Gobiernos asuman un papel central en la lucha en contra de la homofobia. Hasta el punto de que han logrado que muchos *Gobiernos* impriman, compren y distribuyan materiales educativos con el fin de tratar de minimizar la homofobia.

Un buen ejemplo sobre eso proviene desde Brasil. Allí, las incansables luchas de la comunidad *LGBT* llevaron al Gobierno de Río de Janeiro a lanzar, en el 2011, una feroz campaña publicitaria que tenía como finalidad disminuir los niveles de homofobia en la población.

Es de saber que esa campaña publicitaria fue tan completa que se lanzó a través de «televisión, radio y carteles ubicados en autobuses, mobiliario urbano y en la playa.» Es de saber, además, que dicha campaña publicitaria, que fue costeada en su totalidad por el mencionado Gobierno, buscaba hacerle entender a la población: (1) que la homofobia es una conducta cabrona; (2) que no se debe discriminar por razón de orientación sexual; y (3) que los miembros de la comunidad lésbica, gay, bisexual, transexual y transgénero son personas normales y «ciudadanos comunes.»[cxxviii]

Otro ejemplo sobre lo que estamos discutiendo proviene desde el *Reino Unido*. Allí, en el 2007, el Gobierno central compró y distribuyó un montón de libros infantiles, principalmente destinados a niños de entre cuatro a once años de edad, en donde responsablemente se discutía «el tema de la homosexualidad.»[cxxix] Y lo más increíble de esa iniciativa gubernamental fue que logró que catorce escuelas, responsablemente, decidieran utilizar tales libros.

Como se ha podido ver, las medidas educativas que señalamos son: (1) fantásticas; y (2) necesarias. Por eso entendemos que todos los países del mundo, incluyendo *Puerto Rico y España,* deben tomar acciones como las señaladas y, si es posible, deben implementar otras.

Decimos eso ya que, si se analiza con detenimiento la manipulada y homofóbica historia, veremos que acciones como las señaladas son las menos que pueden realizar los países democráticos y amantes de los derechos humanos para, entre otros asuntos, tratar de minimizar esa nauseabunda homofobia social que, en cierta ocasión, ellos mismos —*los Gobiernos*— fomentaron y aplaudieron. Nos explicamos.

Al realizarse acciones como las señaladas, poco a poco, los conjuntos de las personas que gobiernan los Estados democráticos y amantes de los *derechos humanos* van abonándoles a las enormes deudas que tienen con los miembros de la comunidad lésbica, gay, bisexual, transexual y transgénero.

Recordemos que, en un pasado no muy lejano, todos los Estados que ahora se jactan de ser dizque democráticos y respetuosos de los *derechos humanos:* (1) fomentaron la homofobia y los discrímenes en contra de los miembros de la comunidad *LGBT;* y (2) utilizaron las leyes, las jurisprudencias y los reglamentos para poder humillar, perseguir, discriminar, agredir y encarcelar a los miembros de la comunidad *LGBT.*

Habiendo llegado a este punto de la discusión, creemos que debemos señalar dos asuntos importantes sobre lo que hemos estado discutiendo en esta sección. Lo primero que vamos a señalar es que ese significativo aumento en la aceptación, divulgación y compresión de los asuntos que están relacionados con la comunidad lésbica, gay, bisexual, transexual y transgénero se da, mayormente: (1) en los países democráticos, republicanos y laicos; y (2) dentro de la juventud.[cxxx]

Lo que segundo que vamos a decir es que en algunos países dizque democráticos —como Rusia y Puerto Rico—, la aceptación de los asuntos que están relacionados con la comunidad *LGBT* no es muy buena, hasta el punto de que los actos de *homofobia* y *discrimen por orientación sexual* son constantes, bochornosos y, en algunos casos, peligrosos.[cxxxi]

Debe tenerse en cuenta que mencionamos la palabra bochornosos. Pues bien, valga saber que utilizamos esa palabra por motivo de que en algunos de los mencionados países, como en *Puerto Rico*, la homofobia y el discrimen por orientación sexual provienen desde las altas esferas del Estado. Lo que significa, indudablemente, que cada vez que los funcionarios de esas esferas públicas ejecutan actos homofóbicos y discriminatorios, todo el mundo, por medio de la prensa, se entera.

Un buen ejemplo sobre eso proviene desde el narcoestado de Puerto Rico. Allí, en 2013, el **Tribunal Supremo de Puerto Rico** redactó y publicó una decisión judicial que, por decir lo menos, le dio a entender al mundo que la mayoría de los ciudadanos que viven en el narcoestado de Puerto Rico son homofóbicos.

Decimos eso ya que, en esa homofóbica decisión judicial, en donde se dijo que «el discrimen por orientación sexual no está prohibido en la Constitución» de Puerto Rico, se determinó que un homosexual no puede adoptar al hijo biológico de su pareja.

Pero eso no fue lo más cabrón de esa homofóbica decisión judicial. Lo más cabrón y homofóbico fue que se dio a entender: (1) que una familia compuesta por homosexuales e hijos no protege el mejor bienestar de los menores; y (2) que la familia tradicional –*que está caracterizada por producir criminales, dictadores, adictos, sicarios, narcotraficantes, agresores domésticos, pedófilos y desertores escolares*– «compuesta por padre, madre e hijos es la que protege el mejor bienestar de los menores.»[cxxxii]

V. Cambios religiosos

Como sabemos, son innumerables los grupos religiosos que no apoyan –ni apoyarán–: (1) que las parejas integradas por personas de un mismo sexo se casen; (2) que los miembros de la comunidad *LGBT* sean considerados personas normales; y (3) que los miembros de la comunidad lésbica, gay, bisexual, transexual y transgénero se conviertan en líderes religiosos.

Ahora bien, es increíble ver cómo las incansables luchas de los miembros de la comunidad lésbica, gay, bisexual, transexual y transgénero han logrado que algunos líderes y grupos religiosos hayan abandonado la homofobia. Hasta el punto de que ahora uno puede ver, a cada rato, cómo algunos líderes religiosos que dicen ser heterosexuales —*incluyendo líderes religiosos que pertenecen a grupos religiosos que, en un pasado, se distinguieron por sus intransigencias hacia los miembros de la comunidad lésbica, gay, bisexual, transexual y transgénero*— se pasan apoyando muchísimas de las peticiones y acciones de la comunidad mencionada.

Veamos, en aras de que lo anterior se entienda de una mejor manera, un ejemplo. Un sacerdote católico manifestó, en el 2010, que los Estados y la Iglesia católica deben permitir y apoyar que los miembros de la comunidad *LGBT* se puedan casar.

Inclusive, ese valiente sacerdote —*llamado Nicolás Alessio*— llegó a manifestar que al permitirse que los miembros de la comunidad *LGBT* se puedan casar, se da «un paso muy importante que significa caminar hacia una sociedad más abierta, más comprensiva, más pluralista, que pueda integrar a todos.»[cxxxiii]

Otro ejemplo sobre lo que estamos discutiendo proviene desde Italia. Allí, en el 2011, la **Iglesia Evangélica Luterana** aprobó un documento en donde se dice que dicha iglesia le otorgará bendiciones religiosas a las relaciones amorosas entre personas de un mismo sexo.

Pero eso no es lo único que dice ese documento, puesto que en una parte se escribió algo maravilloso, a saber, que «la homosexualidad es parte de la sexualidad y por lo tanto representa una condición natural y por ello la condena moral de la homosexualidad no puede ser en modo alguno justificada.»[cxxxiv]

Habiendo dicho eso, entendemos que no está de más mencionar que el **Supremo Consejo Masónico de México** manifestó, en el 2010, que los ilustres masones siempre han creído en la separación entre los Estados y las iglesias. Y que esa incondicional creencia les hace decir que están «a favor de las bodas gay» y a favor de que los «homosexuales puedan adoptar niños.»[cxxxv]

Siguiendo con el mismo asunto, ahora deben saber que uno de los cambios religiosos más increíbles que han logrado ejecutar los miembros de la comunidad lésbica, gay, bisexual, transexual y transgénero ocurrió en los Estados Unidos de América. Decimos eso ya que, en el 2003, la Iglesia Episcopal *nombró «el primer obispo públicamente homosexual* de la historia de la cristiandad. Y una semana después autorizaba a sus párrocos, en otro gesto sin precedentes, la celebración de matrimonios entre personas del mismo sexo.»[cxxxvi]

Pero eso no es lo único increíble que ha realizado la *Iglesia Episcopal* a favor de los miembros de la comunidad lésbica, gay, bisexual, transexual y transgénero. Es de saber que, en el 2010, dicha iglesia nombró como obispo a Mary Glasspool – una mujer que, además de ser lesbiana, es extremadamente inteligente–.[cxxxvii]

Por otro lado, otra interesante cuestión que ha estado ocurriendo en muchísimos *Estados democráticos y republicanos* es que, inteligentemente, los miembros de la comunidad lésbica, gay, bisexual, transexual y transgénero han estado utilizando el derecho a la libertad religiosa. Al punto de que están abriendo pequeñas iglesias, la mayoría de ellas cristianas, destinadas a atender las necesidades y creencias religiosas de la comunidad *LGBT*.

Un buen ejemplo sobre eso proviene desde México. Allí, específicamente en el mismo corazón de la Ciudad de México, se abrió una iglesia llamada la *Comunidad Cristiana de Esperanza*. Dicha iglesia, que se distingue por atender los asuntos religiosos de los miembros de la comunidad lésbica, gay, bisexual, transexual y transgénero: (1) realiza actividades típicas de una iglesia cristiana; y (2) se encarga de realizar trabajos educativos relacionados con «la prevención de enfermedades de transmisión sexual y el activismo social.»[cxxxviii]

Comentando sobre el ejemplo anterior, tengo que decir –*aunque soy ateo*– que estoy consciente de que en los países democráticos, republicanos y con libertad religiosa hay muchísimos miembros de la comunidad *LGBT* que adoran muchísimas de las estupideces y babosadas del cristianismo. Por esa razón apoyo el hecho de que se abran muchísimas iglesias cristianas que estén destinadas a atender las necesidades religiosas de la comunidad lésbica, gay, bisexual, transexual y transgénero. Recuérdese que las iglesias tradicionales, como regla general, tienen unos discursos discriminantes, homofóbicos y absurdos para con los miembros de la comunidad *LGBT*.

Sobre eso, baste con recordar que algunos de los múltiples escritores que escribieron la novela de ficción llamada la *Biblia*, al igual que el libro de ciencia ficción llamado la *Tora*, absurdamente escribieron: (1) que los homosexuales (y aquí hay que incluir a los bisexuales y a los transgénero) son dizque anormales y depravados; y (2) que los homosexuales deben ser duramente castigados. Inclusive, esos desquiciados y satánicos escritores escribieron que las mencionadas prácticas sexuales deben castigarse con la pena de muerte.

Y sobre este último punto recordemos que en el capítulo llamado *Levítico*, que aparece tanto en la *Tora* como en la *Biblia*, los desquiciados escritores que escribieron muchos de los párrafos de ese capítulo anotaron que «si alguno se juntare con varón como con mujer, abominación hicieron; ambos han de ser muertos, sobre ellos será su sangre.»[cxxxix]

Habiendo discutido lo anterior, entendemos que debemos hacer un pequeño paréntesis en la discusión. Con el propósito de decir que, aunque entendemos algunas de las razones por las cuales muchos miembros de la comunidad *LGBT* desean practicar ciertas religiones tradicionales —*como el budismo y el cristianismo—*, siempre hemos pensado que los miembros de dicha comunidad deberían abrazar el ateísmo o el agnosticismo.

Son varias las razones para ello. Siendo la primera de ellas que los dioses, por más que se quiera negar, no son más que unas irracionales creaciones de la parte absurda del pensamiento humano. Y como eso es así, entendemos que todas las personas —incluyendo los miembros de la comunidad *LGBT*— deben estar de acuerdo con el doctor ***José Saramago***, premio Nobel de Literatura, cuando manifiesta que «el cerebro humano es un gran creador de absurdos y Dios es el más grande de ellos.»[cxl]

La segunda razón por la cual los miembros de la comunidad *LGBT* estarían mejor si adoptaran el ateísmo o el agnosticismo, es a causa de que las doctrinas básicas de las religiones tradicionales, como ya hemos visto, están en contra: (1) del homosexualismo; (2) de la bisexualidad; y (3) de los transgénero. Sin contar que el principal libro de cuentos de hadas del cristianismo, aunque también podemos decir lo mismo de los principales libros del judaísmo y del mahometismo, es «un manual de malas costumbres, un catálogo de crueldad y de lo peor de la naturaleza humana.»[cxli]

Y como eso es así, resulta algo absurdo querer pertenecer a unos grupos religiosos: (1) que creen en la existencia de unos inexistentes seres sobrenaturales que no son más que unos embelecos que han sido creados por la imaginación y por la ciencia ficción religiosa; y (2) que tienen unos manuales de instrucciones que dicen que los miembros de la comunidad *LGBT*, además de ser abominables, no son bienvenidos.

Sin contar que, por más que se funden iglesias tradicionales para los miembros de la comunidad *LGBT*: *(a)* jamás se podrán borrar las referencias homofóbicas de los principales libros de cuentos religiosos; y *(b)* será prácticamente imposible que la inmensa mayoría de los creyentes que sean heterosexuales, en especial los cristianos que adoran practicar su homofóbica religión de forma tradicional, vean con seriedad y con buenos ojos a los miembros de la comunidad *LGBT*.

Inclusive, no se puede pasar por alto que los miembros de la comunidad *LGBT* que pertenecen a las pequeñas y pintorescas *iglesias LGBT*, al igual que los que pertenecen a los tradicionales grupos cristianos, son vistos –por los embrutecidos cristianos que están apegados al tradicionalismo– como unos coloridos chistes. De hecho, somos de opinión de que los descarados fundamentalistas piensan algo como lo siguiente: *¡esos maricones no se dan cuenta de que, por más que le oren a nuestro dios, jamás podrán entrar al paraíso, que está hecho para nosotros, a menos que abandonen sus abominables comportamientos sexuales!*

En fin, los miembros de la comunidad lésbica, gay, bisexual, transexual y transgénero no deben estar buscando pertenecer a grupos religiosos que siempre se han caracterizado por adorar y fomentar la homofobia. Lo que deben hacer es: *(1)* luchar pacífica e inteligentemente en contra de tales grupos; y *(2)* recordar que la historia, al igual que la experiencia, ha enseñado que las religiones «no sirven, ni nunca sirvieron para aproximar a las personas.»[cxlii]

Otro asunto que no puede pasarse por alto, es que las incansables y admirables luchas de los miembros de la comunidad lésbica, gay, bisexual, transexual y transgénero han sido tan efectivas que, por increíble que parezca, han logrado que algunos líderes religiosos:

(1) hayan admitido su homosexualidad o bisexualidad;

(2) hayan admitido que tienen familiares que pertenecen a la comunidad *LGBT;*

(3) hayan manifestado, públicamente, que los miembros de la comunidad *LGBT* no son anormales ni abominables; y

(4) se hayan disculpado por los comentarios homofóbicos que, en el pasado, manifestaron en contra de uno o varios miembros de la comunidad *LGBT.*

Un buen ejemplo sobre esto proviene desde los Estados Unidos de América. Allí, en 2010, un pastor evangélico llamado *Jim Swilley* admitió, públicamente, que era homosexual. Ahora bien, es necesario indicar que el pastor realizó lo anterior a pesar de que, durante muchísimos años, estuvo criticando e insultando a la comunidad *LGBT*.[cxliii]

Otro ejemplo sobre lo que estamos discutiendo también proviene desde los Estados Unidos de América.[cxliv] Allí, en 2006, un afamado pastor evangélico llamado *Paul Barnes*, que se pasaba criticando a los miembros de la comunidad *LGBT* y que estaba a favor de la homofobia, públicamente admitió: (1) que le gustaba ser sodomizado; y (2) que había tenido una relación amorosa con un varón que, en el nombre de la inexistente cosa llamada dios, asistía a la iglesia.

Por último, tenemos que decir que las luchas de la comunidad lésbica, gay, bisexual, transexual y transgénero han provocado un cambio religioso y legal que era impensable a mediados del *siglo XX*, a saber, han logrado despenalizar la homosexualidad y la bisexualidad en países que siempre se han distinguido por albergar a enormes cantidades de *fundamentalistas religiosos* que, entre otras salvajadas, adoran fastidiar a los miembros de la mencionada comunidad.

Y de todos los países en donde se logró hacer lo anterior, es indudable que en Israel se le dieron los golpes más fuertes a los grupos religiosos. Decimos eso ya que en ese pequeño país, en donde se desarrollan muchísimos de los cuentos de hadas que se escribieron en el *Corán*, en la *Biblia* y en la *Tora,* ya no es delito pertenecer a la comunidad lésbica, gay, bisexual, transexual y transgénero.

Sin contar que el derecho israelí también permite que los miembros de la comunidad *LGBT* realicen, ante las pasmosas miradas de los líderes religiosos, marchas, protestas y actividades por las viejas y sucias calles de *Jerusalén*. En ese contexto, no está de más mencionar que «varios miles de gays y lesbianas participan todos los años, desde *2002*, en las marchas del orgullo homosexual en *Jerusalén*.»[cdv]

VI. Control a la homofobia religiosa

La historia tiene muchísimas referencias que nos demuestran, con una terrible claridad, que a muchísimos líderes religiosos –*y también a muchísimos miembros de los populachos*– les agradaban los encarcelamientos, las mutilaciones, las agresiones y los asesinatos de homosexuales y bisexuales. Sin contar que la historia también nos demuestra cómo, desde iglesias y templos lustrosos, se planificaron y fomentaron las ejecuciones de actos de odio en contra de homosexuales, bisexuales y transgénero.

Pero eso no nos debe sorprender mucho. ¿Saben por qué? Porque en tiempos bien lejanos, y entre más lejanos peor, *la imbecilidad del populacho* por culpa de las babosadas religiosas era mucho más marcada y macabra.

Lo que sí debe sorprender es que en estos tiempos de la modernidad, en donde está demostrado que los principales libros religiosos no son más que unas novelas de ficción que fueron escritas y editadas por miedosos y oportunistas, todavía uno vea por ahí a fundamentalistas y líderes religiosos cometiendo –*o pidiendo que se cometan*– crímenes y/o actos de odio en contra de los miembros de la comunidad lésbica, gay, bisexual, transexual y transgénero.

También deben causar sorpresa las formas tan despectivas que utilizan muchos líderes religiosos, incluyendo líderes religiosos que laboran en países democráticos y consumistas, al hablar sobre los miembros de la comunidad *LGBT*.

Un buen ejemplo sobre lo que estamos discutiendo proviene desde el Reino Unido. Allí, en 2008, un líder religioso, que además de ser un cabrón estaba gravemente perturbado con las imbecilidades religiosas, le recomendó al Gobierno que ejecutara una acción gubernamental de odio en contra de los homosexuales. *¿Saben qué recomendó ese cabrón?* Que los homosexuales fueran obligados a llevar un tatuaje que diga, discriminatoriamente, que el sexo anal es pecaminoso y perjudicial para la salud.[cxlvi]

Otro ejemplo proviene desde la República Dominicana. Allí, en *2010,* un sacerdote católico que había sido seriamente embrutecido con los asuntos religiosos manifestó*, homofóbicamente,* que los homosexuales son dizque tan peligrosos y odiosos como los narcotraficantes.[cxlvii]

Ahora tenemos que decir, luego de haber discutido todo anterior, que no es fruto de la casualidad que en muchos países democráticos, republicanos y laicos existan muchísimas personas —*entre ellas empleados y funcionarios públicos*— que se hayan cansado de los mensajes de odio que se pasan manifestando los líderes religiosos en contra de los miembros de la comunidad lésbica, gay, bisexual, transexual y transgénero.

Por eso es que ahora, gracias a las incansables luchas de la comunidad *LGBT,* hay muchísimos países que castigan, y en algunos casos con gran severidad, todas aquellas manifestaciones que fomenten la ejecución de crímenes de odio en contra de los miembros de la comunidad lésbica, gay, bisexual, transexual y transgénero.

Y lo más increíble de eso es que dichas normativas jurídicas han dejado bien claro: (1) que las manifestaciones que pidan la ejecución de crímenes de odio no están protegidas por el derecho a la libertad de expresión; y (2) que toda persona –aunque sea líder de un grupo religioso que sea numeroso e influyente– puede cometer un crimen de odio por el simple hecho de pedir que se ejecuten acciones de odio en contra de personas que sean parte de la comunidad *LGBT.*

Un buen ejemplo sobre lo antes mencionado proviene desde *Croacia.* Allí, en 2011, un sacerdote católico fue declarado culpable de delito. Ello, por motivo de que la evidencia demostró que había cometido un delito de odio en contra de los miembros de la comunidad lésbica, gay, bisexual, transexual y transgénero.

¿Saben cuáles fueron los actos por los cuales el sacerdote fue encontrado culpable de delito? Como sabemos que algunos de ustedes no lo saben, les vamos a decir que ese homofóbico sacerdote manifestó que los agentes del orden público, al igual que los ciudadanos comunes y corrientes, deben golpear a los miembros de la comunidad lésbica, gay, bisexual, transexual y transgénero cada vez que realicen algún tipo de manifestación pública y multitudinaria, como, por ejemplo, durante las afamadas marchas de orgullo homosexual.[cxlviii]

De conformidad con esto, deben saber que las homofóbicas acciones del *homofóbico sacerdote* no terminaron con dicha condena. Puesto que el sacerdote: (1) no tenía ningún interés en rehabilitarse; y (2) no tenía ningún interés en cambiar sus embrutecidas y homofóbicas posturas. Decimos eso ya que el sacerdote: (a) manifestó que él acogía la sentencia con alegría; y (b) dijo que era «un honor ser condenado por una actuación como la suya.»[cxlix]

Otro ejemplo sobre lo anterior proviene desde *Alemania.* Allí, en *2011,* las autoridades democráticas se cansaron de los mensajes de odio que se pasaba manifestando un líder religioso del cabrón y discriminante mahometismo. De hecho, es de saber que dicho desajustado imán se pasaba diciendo, odiosamente: (1) que los mahometanos tenían el deber de asesinar a los homosexuales; y (2) que los funcionarios del sistema de justicia criminal tenían el deber de arrestar y encarcelar a todos los miembros de la comunidad *LGBT.*

¿Saben qué ocurrió con el cabrón imán? Luego de presentarse varias querellas por parte de oficiales gubernamentales y miembros de la comunidad lésbica, gay, bisexual, transexual y transgénero, las autoridades alemanas le ordenaron al imán, bajo amenaza de ser criminalmente procesado por haber cometido varios crímenes de odio, salir del país de forma inmediata.

Es de saber, por curiosidad, que el pinto imán no mostró señales de arrepentimiento por sus homofóbicos actos. Y, debido a ello, las autoridades gubernamentales manifestaron que ese cabrón tenía enormes probabilidades de repetir sus acciones de odio.[cl]

Por último, vamos a terminar esta sección con una pregunta: *¿qué nos han demostrado los últimos ejemplos que hemos plasmado?* Lo primero que nos demuestran, indudablemente, es que las religiones tradicionales tienen la capacidad: (1) de embrutecer a las personas; y (2) de convertir a un sinnúmero de personas en criminales.

De hecho, es increíble poder notar cómo las religiones tradicionales pueden transformar a un ser humano mentalmente saludable en un despiadado homofóbico que, entre otras perversidades, le desea lo peor a los miembros de la comunidad lésbica, gay, bisexual, transexual y transgénero.

Lo segundo que nos demuestran los ejemplos plasmados, es que una vez una persona ha sido seriamente embrutecida con las *pendejadas religiosas*, como es el asunto de la homofobia basada en asuntos religiosos, es muy difícil que pueda volver a tener un pensamiento alejado de tales pendejadas religiosas. De hecho, está demostrado que los fundamentalistas religiosos no se pueden alejar, *ni recibiendo terapias* por parte de peritos en las ciencias de la conducta humana, de los pensamientos homofóbicos.

Y si se sigue profundizando en esto que acabamos de mencionar, se podrá notar que la inmensa mayoría de los crímenes de odio que son ejecutados por los fundamentalistas religiosos en contra de los miembros de la comunidad *LGBT,* además de que tienden a ser ejecutados con gran furia, buscan que los miembros de la señalada comunidad se sientan intimidados y despreciados.

Y no se puede olvidar, además, que el fin primordial de esos delitos de odio es tratar de que los miembros de la comunidad *LGBT,* que en todos los países son grupos minoritarios, se mantengan en una posición socialmente marginal.

VII. Enfrentamientos con los homofóbicos

Hemos visto que los crímenes de odio: (1) tienden a ejecutarse con gran furia; y (2) buscan que los miembros de los grupos odiados se sientan intimidados. También hemos visto que el fin primordial de esos delitos es tratar de que los odiados, que regularmente pertenecen a *grupos minoritarios,* se mantengan callados y marginados.[cli]

Además de eso, también hemos visto que los miembros de la comunidad lésbica, gay, bisexual, transexual y transgénero: (1) son las principales víctimas de los crímenes de odio; y (2) son las principales víctimas de los actos de odio que son ejecutados por empleados y funcionarios públicos.

Pues bien, otra razón por la cual hay que admirar a los miembros de la comunidad lésbica, gay, bisexual, transexual y transgénero, es por el hecho de que, pacífica y organizadamente, se han enfrentado a los homofóbicos.

Realmente resulta fantástico ver cómo muchísimas personas que pertenecen a dicha marginada y discriminada comunidad, con mucha valentía, se pasan realizando –y en muchísimas ocasiones ante las atónitas miradas de los homofóbicos y, más que nada, ante altas posibilidades de ser agredidos e insultados–: (1) marchas de orgullo *LGBT;* y (2) manifestaciones en contra de la homofobia social y gubernamental.

Y si eso es maravilloso, más maravilloso es saber que muchísimos miembros de la comunidad lésbica, gay, bisexual, transexual y transgénero no se están dejando intimidar por los cuerpos policiales ni, mucho menos, por los homofóbicos. De hecho, hemos visto que muchas personas que pertenecen a la comunidad *LGBT:* (1) se organizan; y (2) realizan actos de desobediencia civil pacífica cuando no se les permite, debido a la homofobia gubernamental y social, realizar actos pacíficos.

Pero este asunto, el de las maravillosas luchas de la comunidad *LGBT,* sigue. *¿Saben por qué?* Porque ahora uno puede ver cómo muchísimos miembros de dicha comunidad realizan actividades organizadas que: (1) buscan resaltar sus orientaciones sexuales; y (2) critican la homofobia gubernamental y religiosa.

De hecho, la organización de tales actividades es tan buena que, ahora, uno puede ver cómo muchos miembros de la comunidad *LGBT* utilizan videocámaras para grabar las incidencias que ocurran en tales actividades. Y eso lo hacen con el fin de que el mundo pueda ver, mayormente en las redes sociales de *Internet,* los abusos que sufren a manos de las autoridades gubernamentales y/o a manos de los homofóbicos.

Para ilustrar lo que hemos discutido líneas arriba, que tal si vemos un caso que ocurrió en Moscú, Rusia. Allí, en 2006, varios miembros de la comunidad lésbica, gay, bisexual, transexual y transgénero le solicitaron al gobierno del *Ayuntamiento de Moscú,* con gran anticipación, un permiso para poder realizar una actividad organizada y pacífica.

Sin embargo, los corruptos y homofóbicos que controlaban las riendas del mencionado ayuntamiento se negaron a otorgar el permiso. Acción que no debe causarle sorpresa a nadie, puesto que la homofobia es enorme en ese frío, poderoso y corrupto país.

¿Saben qué hicieron los valientes miembros de la mencionada comunidad? Primero, *mandaron al carajo* la decisión del ayuntamiento por considerarla una violación al derecho humano que está relacionado con la libertad de expresión. Y, en segundo lugar, realizaron la pacífica actividad según había sido planificada.

Es de saber que la acción de los miembros de la comunidad *LGBT,* que fue un acto de valentía, no le gustó ni al Gobierno ni a los miembros de la iglesia ortodoxa rusa. Lo que ocasionó: (1) que el Gobierno enviara un sinnúmero de policías a la mencionada actividad; y (2) que los líderes de la iglesia ortodoxa rusa —*especialmente los que se pasaban diciendo que los miembros de la comunidad LGBT son seres abominables y pecadores*— enviaran un sinnúmero de fundamentalistas a la mencionada actividad.

¿Se imaginan qué ocurrió una vez la manifestación —*que al no tener el permiso gubernamental se transformó en un acto de desobediencia civil*— comenzó? Para resumir lo ocurrido, que realmente fue una tragedia, podemos decir que la pacífica manifestación, por culpa de los homofóbicos, se convirtió en un gran crimen de odio. Decimos eso ya que, entre otros abusos, los miembros de la comunidad *LGBT* que estaban en la mencionada actividad fueron humillados y agredidos: (1) por fanáticos de la iglesia ortodoxa rusa; y (2) por agentes de «la Policía.»[clii]

Otro ejemplo sobre lo que estamos discutiendo proviene desde Perú —*un país latinoamericano en donde muchos empleados públicos, entre ellos agentes que pertenecen a las agencias de ley y orden, apoyan la homofobia–*. Allí, en 2009, un nutrido grupo de miembros de la comunidad lésbica, gay, bisexual, transexual y transgénero realizaron un maravilloso acto, a saber, un acto público y pacífico en donde parejas compuestas por personas de un mismo sexo se besaron masivamente frente a la catedral de Lima.

Es de saber que, según nuestro criterio, esa actividad fue maravillosa y valiente ya que: (1) se realizó frente a las puertas de la mencionada catedral; y (2) los participantes tenían motivos fundados para creer que podían ser humillados, insultados, golpeados y arrestados.

Sobre el último punto señalado, no está de más mencionar que las preocupaciones de los miembros de la comunidad *LGBT* se convirtieron en realidad. Decimos eso ya que, cuando comenzó la actividad, un sinnúmero de policías homofóbicos y mal pagados «comenzaron a empujar a los participantes para desalojarlos y los golpearon con sus varas, llegando incluso a causar una herida en la cabeza a una de las manifestantes, que necesitó diez puntos de sutura...».[cliii]

¿Saben que ocurrió después de esos abusivos actos de odio gubernamental? Que las víctimas de la homofobia gubernamental manifestaron: *(1)* que no se dejarían intimidar; y *(2)* que volverían a realizar la mencionada actividad. Además, algunos de los manifestantes subieron a las redes sociales de

Internet varias grabaciones hechas en vídeo que le demostraron al mundo, con gran claridad, la homofobia gubernamental que existe en Perú.[cliv]

Dicho eso, debemos mencionar que de todas las actividades organizadas que se han realizado en los últimos años por parte de los miembros de la comunidad lésbica, gay, bisexual, transexual y transgénero, nuestras favoritas han sido las que se han realizado: (1) en o cerca del *Estado de la Ciudad del Vaticano*; y (2) ante la presencia del *Sumo Pontífice romano*, quien, como todo el mundo sabe, es el sumo representante de la homofobia mundial.

¿Saben por qué dichas actividades son nuestras favoritas? Porque demuestran que la satánica Iglesia católica, el mayor perseguidor de homosexuales y bisexuales en la historia de la humanidad, es una retrógrada institución: (1) que no merece ningún tipo de respeto; y (2) que fomenta la ejecución de actos odiosos en contra de los miembros de la comunidad lésbica, gay, bisexual, transexual y transgénero. Sin contar que esas actividades le recuerdan a la población mundial que el *Estado de la Ciudad del Vaticano*, que históricamente ha permitido que los pedófilos y los pederastas trabajen como sacerdotes, es el país que tiene la mayor población de homofóbicos en el mundo.

Lo acabado de mencionar nos ha hecho recordar una actividad que, en 2008, se realizó en España. Allí, específicamente en Barcelona, Benedicto XVI –*el Sumo Pontífice romano*– se encontraba participando en una actividad religiosa en donde se buscaba, como de costumbre, embrutecer al populacho. Y mientras ese homofóbico e inútil cristiano se encontraba allí, embruteciendo a la gente, un nutrido grupo de homosexuales «se besó frente al pontífice.»[clv]

Otra valiente actividad que nos gustó muchísimo fue una que se realizó, en 2008, «en la Plaza Pío XII, situada frente a la Basílica de San Pedro, y que marca la frontera con la Ciudad del Vaticano…».[clvi] Y nos gustó muchísimo ya que, además de que le recordó al mundo que el Estado de la Ciudad del Vaticano pertenece a un selecto grupo llamado estados homofóbicos —*posición que comparte con países como Irán, Sudan, Yemen, entre otros*—, «los manifestantes, muchos de ellos con sogas al cuello, encendieron antorchas para recordar a todas las personas que por sus inclinaciones sexuales viven perseguidas o incluso pierden la vida.»[clvii]

Habiendo discutido lo anterior, tenemos que decir que ese tipo de actividades son, por decir lo menos: (1) fantásticas; (2) necesarias; y (3) valientes. Expresamos eso ya que, indudablemente, si dichas actividades se hubiesen realizado en los lugares mencionados y mientras la cabrona *Inquisición* tenía el poder para ordenar y recomendar matanzas, humillaciones, aprisionamientos y persecuciones, seguramente que los participantes hubiesen sido azotados y quemados.

Llegados a este punto de la discusión, tenemos que decir que todo lo que hemos discutido en este capítulo demuestra, incontrovertiblemente, que todos los grandes cambios legales y sociales que han logrado realizar los miembros de la comunidad lésbica, gay, bisexual, transexual y transgénero se han realizado por medio de luchas pacíficas y organizadas.

Ahora bien, es imperativo tener presente que dichos cambios, a pesar de que han sido grandiosos, no son suficientes. Decimos eso ya que todavía, incluso en países en donde la gente dice que respeta la libertad, existen unos elevados y peligrosos niveles de homofobia. De hecho, hay países —como «Arabia Saudí, Yemen, Somalia, Nigeria, Irán, Mauritania y Sudán»— en donde los miembros de la comunidad *LGBT* pueden ser humillados, torturados, encarcelados y asesinados por empleados y funcionarios públicos. Mientras que en otros *homofóbicos países,* aproximadamente en setenta, los miembros de la comunidad *LGBT* pueden ser encarcelados y/o multados.[clviii]

Y eso es meramente en los países en donde la bisexualidad y la homosexualidad, debido a la enorme homofobia, son unas conductas que están prohibidas por ley. Si uno analiza con gran cuidado el ordenamiento jurídico de los países en donde no existen leyes ni jurisprudencias que penalicen directamente las orientaciones sexuales de la comunidad *LGBT,* uno siempre va a encontrar –en muchos de ellos– *leyes y jurisprudencias que, de manera indirecta,* castigan a los miembros de la comunidad lésbica, gay, bisexual, transexual y transgénero.

Así, por ejemplo, en esos países uno puede ver que los miembros de la comunidad *LGBT* son constantemente discriminados y rechazados. Sin contar que hay países en donde los miembros de la comunidad *LGBT* son encarcelados y/o multados por cometer delitos llamados «escándalo público, conducta indecente o crímenes contra la familia.»[clix]

En definitiva, las luchas de los miembros de la comunidad lésbica, gay, bisexual, transexual y transgénero deben continuar. Y dichas luchas se tienen que seguir dando: (1) pacíficamente; (2) ordenadamente; y (3) en todos los escenarios posibles, como, por ejemplo, «en la calle, en el trabajo», en los medios de comunicación y en los tribunales.[clx]

La idea es llevar un mensaje que establezca: (1) que la orientación sexual es un asunto natural; y (2) que todos los Estados del mundo, incluyendo el *Estado de la Ciudad del Vaticano*, deben tomar «las medidas necesarias, administrativas y legislativas para garantizar que la orientación sexual y la identidad de género no sean bajo ninguna circunstancia causa de sanción penal, en particular ejecución, arresto o detención.»[clxi]

Dios es gay

Capítulo seis
Libertad de expresión de los homofóbicos

I. Los homofóbicos deben hablar

Llegados a este punto de la discusión, entendemos que debemos hablar sobre la facultad legal que tienen los homofóbicos para, entre otras acciones, criticar públicamente a los miembros de la comunidad lésbica, gay, bisexual, transexual y transgénero. Lo primero que tenemos que decir es que toda persona, aunque no nos guste y sea desagradable, puede criticar *pública y privadamente*: (1) la vida sexual de los miembros de la comunidad *LGBT;* y (2) los matrimonios entre homosexuales.

Es importante que se tenga en cuenta que cuando decimos criticar, eso incluye realizar —ya sea de manera pública o de manera privada— comentarios despectivos, hirientes y odiosos. Por eso es que es legal –o debería ser legal– que una persona, mientras se encuentre en un lugar público, porte una pancarta que diga, por ejemplo, algo como lo siguiente: *"Los homosexuales, por ser cabrones, son los causantes de todos los problemas del mundo."*

También es legal –o debería ser legal– que un *cristiano homofóbico* coloque, en una de las autopistas más transitadas del país, una valla publicitaria que tenga un mensaje como el siguiente: *"La inexistente cosa llamada Dios le partirá el culo a los bisexuales."*

Dicho eso, cabe preguntar lo siguiente: ¿por qué ese tipo de expresiones están o deberían estar protegidas por el Derecho? Porque esa clase de expresiones, aunque no nos gusten, están protegidas por un importantísimo derecho humano llamado libertad de expresión. Y como eso es así, hay que recordar que el derecho a la libertad de expresión –*que es más sagrado que cualquier religión*– «protege el derecho del individuo particular a exteriorizar como guste los contenidos de su conciencia...».[clxii]

Por consiguiente, es legal –*o debería ser legal*– que un líder religioso diga, pública o privadamente, que los gays son unos viles pecadores que, por estar metiéndose objetos en sus culos, serán castigados en los inexistentes infiernos. También es legal –*o debería ser legal*– que un homofóbico diga que las luchas de los miembros de la comunidad *LGBT,* que la inmensa mayoría han sido muy ejemplares, lo que hacen es joder los pensamientos de los adolescentes.

Y como el derecho a la libertad de expresión permite todo lo señalado, los miembros de la comunidad lésbica, gay, bisexual, transexual y transgénero viene obligados a soportar comentarios como los que realizó, en *2011*, una satánica pastora puertorriqueña llamada *Wanda Rolón.* Según dicha pastora de imbéciles y homofóbicos, los miembros de la comunidad *LGBT*: (1) son personas que están mentalmente enfermas; y (2) no deben realizar comentarios públicos sobre sus preferencias sexuales.[clxiii]

Es pertinente hacer notar que los miembros de la comunidad *LGBT,* debido al derecho a la libertad de expresión, también están obligados a soportar protestas y mensajes odiosos durante las actividades públicas que realicen. Por eso es que, por ejemplo, si durante un sepelio de un homosexual varios homofóbicos se paran en la entrada del cementerio portando unas pancartas que digan, odiosamente, que *los homosexuales son unos cabrones que son odiados por la inexistente cosa llamada dios,* las personas que estén allí presentes tienen que soportar tales odiosas manifestaciones.[clxiv]

De conformidad con lo que estamos tratando, no está de más que hablemos sobre un caso que fue resuelto en los Estados Unidos de América. Allí, en *2011,* la **Corte de Apelaciones del Séptimo Circuito** de Estados Unidos de América determinó que los estudiantes de las escuelas pueden utilizar, dentro de las facilidades escolares, camisetas que tengan palabras que critiquen a los miembros de la comunidad *LGBT.* En ese caso, varios estudiantes utilizaron dentro de la escuela una camiseta que tenía una frase que decía lo siguiente: *«Be Happy, Not Gay.»*[clxv]

Tomando en consideración todo lo que hemos estado discutiendo, es forzoso indicar que el derecho a la libertad de expresión –a pesar de que se puede utilizar para criticar y manifestar mensajes de odio– puede convertirse en una poderosa arma para los miembros de la comunidad lésbica, gay, bisexual, transexual y transgénero.

¿Saben por qué? Porque lo que es bueno y legal para un grupo, también lo es para el otro. Es decir, el derecho a la libertad de expresión permite que los miembros de la comunidad *LGBT*, aunque sean una minoría, puedan criticar duramente a los homofóbicos.

Así, por ejemplo, un homosexual puede personarse a una actividad religiosa que se esté realizando en un parque y manifestar, por medio de una pancarta, que dios es un divino pedófilo. Inclusive, ese mismo *homosexual* podría presentarse a la misma actividad portando una llamativa pancarta que diga que todos los creyentes, sin excepción: (1) son imbéciles; y (2) no hacen más pagarles los lujos y las cuentas a los líderes religiosos.

En fin, los miembros de la comunidad lésbica, gay, bisexual, transexual y transgénero tienen la obligación de entender que el derecho a la libertad de expresión es, por decir lo menos, una maravilla que «no tendría significado si no protegiera la forma de expresión más impopular y ofensiva.»[clxvi]

¿Y por qué los miembros de la comunidad *LGBT* tienen la obligación de entender lo antes discutido? Por motivo de que no pueden demostrar que se han convertido en unos viles y desquiciados censores que, entre otras idioteces, no estarían dispuestos a tolerar críticas y/o manifestaciones desagradables en contra de sus estilos de vida.

Ahora bien, lo que nunca deben tolerar *–ni los homofóbicos ni los miembros de la comunidad LGBT–* son las expresiones de odio que pidan la ejecución de actos violentos: (1) en contra de los miembros de la comunidad lésbica, gay, bisexual, transexual y transgénero; y (2) en contra de los heterosexuales que apoyen a los miembros de la comunidad *LGBT*. Y no hay que olvidar que las mencionadas expresiones no se pueden tolerar ya que, además de que fomentan la ejecución de actos violentos, hay un consenso jurídico que establece que dichas manifestaciones son *–o deberían ser–* ilegales.

¿Y por qué los mensajes de odio que piden la ejecución de actos violentos e intimidantes en contra de los miembros de la comunidad *LGBT* se consideran *–o deberían considerarse–* actos ilegales?

Porque la doctrina jurídica más avanzada ha dejado más que claro —*y no se puede perder de vista que el sentido común también*— que las acciones violentas, ya sean físicas o verbales, no gozan «de protección constitucional y el Estado tiene, no sólo la facultad, sino el deber de intervenir con los que la practican para proveer remedios a sus consecuencias directas, incluyendo su procesamiento criminal.»[clxvii]

Habiendo dicho eso, es importante que no se pierda de vista que las expresiones violentas e intimidantes hacia los miembros de la comunidad lésbica, gay, bisexual, transexual y transgénero pueden realizarse: (1) de manera verbal; y (2) de manera escrita. Tampoco puede perderse de vista que dichas manifestaciones, como ya hemos visto, para considerarse ilegales tienen que pedir la ejecución de actos violentos e intimidantes que, a todas luces, sean posibles.

Así, por ejemplo, si un homofóbico se persona a un mitin de homosexuales y, estando allí, manifiesta que *él asesinará* a todos los homosexuales que vea en la calle, estaría cometiendo un acto de odio en contra de los miembros de la comunidad *LGBT*.

Ahora bien, si a ese mismo mitin se presenta un homofóbico y dice que los inexistentes dioses deben matar, por medio de actos de magia, a todos los miembros de la comunidad *LGBT*, no estaría cometiendo ningún delito. Puesto que sus manifestaciones, además de ser imbéciles, piden que ocurra un acto fantasioso e imposible.

Habiendo dicho todo lo anterior, nos imaginamos que algunos miembros de la comunidad lésbica, gay, bisexual, transexual y transgénero se estarán preguntando qué deben hacer cuando los homofóbicos utilicen la libertad de expresión para criticarles.

En esos casos, según nuestro criterio, lo que se debe hacer es utilizar *la libertad de expresión* para criticar a los criticones, es decir, deben replicar y criticar a los homofóbicos. Por eso es que, de cierta manera, se puede decir que los miembros de la comunidad *LGBT,* particularmente los portavoces, deben batallar verbalmente en contra de los homofóbicos. Y los escenarios de batalla deben ser, en apretada síntesis: (1) las redes sociales de la red de Internet; (2) los periódicos y las revistas populares; y (3) las entrevistas televisivas.

Así, por ejemplo, si unos satánicos homofóbicos aparecen en los medios de comunicación diciendo que los homosexuales son unos abominables monstruos que no deben estar adoptando niños por motivo de que tienen dizque altas posibilidades de violarlos, los homosexuales aludidos deben hacer apariciones públicas en donde digan, por decir lo menos: (1) que los homofóbicos son unos viles discriminantes e intolerantes; y (2) que la mayoría de los pederastas y pedófilos son heterosexuales.

Sin contar que también deben citar los múltiples estudios que han demostrado, más allá de duda razonable, que «no existe evidencia de que los *gays o lesbianas* tengan más probabilidades de abusar sexualmente de los niños.»[clxviii]

Capítulo siete
La homofobia se combate con educación

I. Educación contra la homofobia

Hemos visto que la *homofobia* es, como regla general, «un término comúnmente usado para describir reacciones hostiles hacia las lesbianas o los gays e implica (...) actitudes como expresiones de miedos irracionales.»[clxix] Aunque también es correcto utilizar el término *homofobia* para describir todas aquellas acciones y reacciones hostiles hacia los transexuales, los bisexuales y los transgénero.

Cabe señalar que la *homofobia* incluye un montón de conductas negativas, entre ellas: (1) los chistes denigrantes; (2) el rechazo social; (3) el discrimen por razón de orientación sexual; (4) los crímenes de odio; y (5) los pensamientos de que todos los miembros de la comunidad *LGBT* son abominables y pecadores.

En armonía con lo anterior, debe tenerse en cuenta que *nadie nace siendo homofóbico*. Es decir, son las sociedades y las familias las que se encargan de convertir a las personas en homofóbicas. Y ese lamentable proceso de embrutecimiento *comienza en la niñez* y, lamentablemente, es significativamente reforzado durante la adultez.

Pero es durante la niñez en donde se causa el más terrible embrutecimiento, puesto que es durante esa etapa de la vida en donde se cimientan las poderosas bases de la *homofobia*. De hecho, se sabe que es muy difícil, por no decir imposible, derrumbar los cimientos de la homofobia durante la adultez.[clxx]

Para que usted vea lo poderosas que son las bases homofóbicas que se cimientan en el cerebro de las personas durante la minoridad, debe saber que la experiencia enseña que, entre otros profesionales, hay médicos, maestros, contables, psicólogos, *abogados, jueces,* arquitectos e ingenieros que, a pesar de haber sido universitariamente educados sobre un sinnúmero de informaciones científicamente validadas sobre los asuntos que están relacionados con la comunidad *LGBT,* siguen siendo homofóbicos.

Dios es gay

Inclusive, por ahí hay un montón de profesionales que se sienten incómodos: (1) al bregar con miembros de la comunidad *LGBT*; y (2) al atender asuntos que están directamente relacionados con la mencionada comunidad. Sin contar –como vimos antes– que algunos *profesionales de la salud mental*, incluyendo sicólogos, creen que la homosexualidad, la bisexualidad y la transexualidad pueden ser eliminadas utilizando terapias de conversión.[clxxi]

Realmente es patético ver lo antes señalado. Pero más patético es ver a menores de edad repitiendo, como puros papagayos, los aborrecibles *discursos homofóbicos* que, seguramente, aprendieron de unos adultos cabrones que estaban seriamente embrutecidos con cuestiones religiosas.

Por eso siempre hemos pensado que todos los progenitores que demuestren ser unos peligrosos homofóbicos deben ser, por lo menos, administrativamente sancionados por cometer actos de maltrato psicológico. Recuérdese que, únicamente, un maltratador puede enseñarle –*o permitir que se le enseñe*– a su pequeño hijo sentir odio infundado hacia los miembros de la comunidad lésbica, gay, bisexual, transexual y transgénero.

Sabiendo lo anterior, ahora deben saber que uno de los casos más nauseabundos de homofobia infantil que hemos visto proviene desde Chile. Allí, tristemente, había un pequeño, cristiano y homofóbico predicador que, debido a que había sido severamente embrutecido por familiares y fundamentalistas religiosos, se pasaba diciendo públicamente: (1) que los homosexuales eran abominables; y (2) que los políticos que apoyaban los matrimonios entre homosexuales deberían morir de la misma forma en que murieron las personas que aparecen en el cuento de *Sodoma & Gomorra*.

Vale la pena destacar que la *embrutecedora educación religiosa* que recibió el pequeño pastor fue tan dañina que, entre otras imbecilidades, fue «adoctrinado en la lectura e interpretación de pasajes como los que castigan la homosexualidad en la Biblia y en la mirada protestante de la evolución, por ejemplo, que niega la teoría de la evolución de *Darwin*.»[clxxii]

Habiendo discutido todo lo anterior, la pregunta que hay que hacer en este momento es la siguiente: ¿qué se puede hacer, si algo, para eliminar la homofobia social? Lo primero que se tiene que saber, es que la homofobia jamás se podrá eliminar. Eso significa que por más leyes y reglamentos que se aprueben para castigar asuntos que estén relacionados con la *homofobia*, como el discrimen por orientación sexual y los crímenes de odio, la homofobia jamás desaparecerá de nuestro violento y contaminado planeta.[clxxiii]

Lo más que se puede hacer, y téngase muy presente, es minimizar la homofobia. ¿Y cómo podemos minimizar la homofobia? Por medio de la educación, particularmente por medio de la educación que reciben los niños y los universitarios.

Sobre eso, recordemos que está demostrado que los jóvenes –incluyendo los que asisten a las escuelas– que reciben *educación científicamente validada* sobre asuntos relacionados con los miembros de la comunidad lésbica, gay, bisexual, transexual y transgénero, demuestran menos rechazo hacia los miembros de la mencionada comunidad.[clxxiv]

Por consiguiente, los Estados que quieran minimizar la homofobia lo que tienen que hacer es aprobar varias leyes que establezcan que los niños que reciben educación en las escuelas públicas y privadas, en aras de poder pasar de grado, vienen obligados a tomar cursos –*en cada grado que cursen y empezando desde el primer grado de escuela elemental*– sobre educación sexual. Además, dichas leyes y reglamentos tienen que indicar que el contenido de los mencionados cursos, además de tocar temas que estén relacionados con la comunidad *LGBT,* tienen que estar basados en informaciones científicamente validadas.

Dicho eso, valga saber que opinamos que en estos tiempos de la modernidad, en donde la data científica ha demostrado que los homofóbicos son personas mentalmente afectadas, no hay excusas para que los *Gobiernos* de los países democráticos y republicanos no hagan lo antes mencionado.

Recuérdese que en el mercado hay un montón de libros y panfletos que, además de que fueron escritos por profesionales de la salud mental, tratan de maneras responsables e infantiles los asuntos que están relacionados con la comunidad lésbica, gay, bisexual, transexual y transgénero. Sin contar que hay sicólogos, trabajadores sociales y maestros certificados que, indudablemente, pueden ofrecer tales cursos de maneras responsables.[clxxv]

Por su parte, en el caso de las instituciones de educación superior —*en donde debe haber libertad de cátedra*—, es indudable que los Gobiernos tienen la obligación de exhortarles a los dirigentes de tales instituciones a que abran cursos obligatorios sobre asuntos que estén relacionados con la comunidad lésbica, gay, bisexual, transexual y transgénero. Claro está, las informaciones que se brinden en dichos cursos también tienen que estar basadas en datos científicamente validados.

Por eso entendemos que todas las universidades del mundo, especialmente las que están ubicadas en países democráticos y respetuosos de los derechos humanos, deben hacer lo mismo que hizo la **Universidad de Harvard**. Sobre eso, valga saber que dicha prestigiosísima universidad –que está ubicada en los Estados Unidos de América– tiene una «cátedra consagrada a temas propios de homosexuales, transexuales, orientaciones sexuales y sexualidad en general.»[clxxvi]

Ahora bien, es justo señalar que en los Estados Unidos de América hay muchísimas instituciones de educación superior que, a pesar de que no tienen una cátedra consagrada a temas propios de la comunidad *LGBT,* permiten que sus estudiantes se matriculen en cursos y seminarios que están relacionados con la comunidad *LGBT*.

Y lo más interesante de esos cursos es que, en muchísimas instituciones de educación superior, los estudiantes son expuestos: (1) a literatura científicamente validada; y (2) a fuentes de información que fueron creadas por miembros de la comunidad *LGBT.*[clxxvii]

II. Medios de comunicación contra la homofobia

Como se sabe, no hace mucho tiempo atrás los medios de comunicación, *especialmente los medios de prensa,* eran el eco social de la homofobia. De hecho, si uno analiza con mucho cuidado las ejecutorias de *los medios de prensa* que están ubicados en los países democráticos, particularmente las ejecutorias realizadas antes de 1960, uno verá montones de reportajes que criticaban todo lo que estaba relacionado con la comunidad lésbica, gay, bisexual, transexual y transgénero. Inclusive, uno puede encontrar reportajes que favorecen la utilización de drogas y terapias para dizque curar a los miembros de la comunidad *LGBT.*[clxxviii]

Por eso se puede decir que otra de las grandes victorias de la comunidad lésbica, gay, bisexual, transexual y transgénero que milita en la inmensa mayoría de los países democráticos y respetuosos de los *derechos humanos,* ha sido la de convertir a los medios de comunicación, especialmente a *los medios de prensa,* en sus más comprometidos aliados.

Por eso es que ahora uno puede ver, entre otras maravillas, que muchos de los medios de comunicación más importantes de los países mencionados: (1) publican editoriales y reportajes *condenando la homofobia;* (2) publican informaciones que, educativamente, les hacen saber a los populachos que no son anormales ni abominables las personas que pertenecen a la comunidad lésbica, gay, bisexual, transexual y transgénero; y (3) publican informaciones que están relacionadas con actividades *públicas y multitudinarias* de la comunidad *LGBT.*

Ahora bien, ¿saben por qué dijimos que haber obtenido el apoyo y la comprensión de los medios de comunicación ha sido una de las grandes victorias de la comunidad lésbica, gay, bisexual, transexual y transgénero? Porque sin el apoyo y la comprensión de los medios de comunicación, particularmente de los medios de prensa más respetables, *la comunidad LGBT:* (1) no hubiese podido obtener tantas victorias en tan corto tiempo; y (2) no hubiese podido obtener victorias titánicas, como, por ejemplo, la aprobación de los matrimonios entre personas de un mismo sexo.

Por eso es que entendemos que en estos tiempos de la modernidad, al igual que en el futuro, muchísimos medios de comunicación se han convertido en las armas más importantes de la comunidad lésbica, gay, bisexual, transexual y transgénero. Recuérdese que por medio de los medios de comunicación *la comunidad LGBT* puede, entre otros asuntos, llevar sus mensajes y, sobre todo, mostrarle al mundo: (1) los daños que ocasiona la homofobia; y (2) lo cabrones ignorantes que son los homofóbicos.

Ahora bien, si seguimos profundizando encontraremos otra razón por la cual los medios de comunicación se han convertido en las armas más importantes de la comunidad lésbica, gay, bisexual, transexual y transgénero. ¿Y cuál es esa razón?

Indiscutiblemente, la razón guarda relación con penetración cerebral. *Nos explicamos.*

En la inmensa mayoría de los países democráticos y amantes de los derechos humanos, la inmensa mayoría de las personas desperdician sus vidas viendo y/o escuchando programaciones chatarra. Además, no se puede olvidar que en esos países la inmensa mayoría de las personas se pasan leyendo unas *revistas y periódicos* que, curiosamente, cada vez tienen: (1) más imágenes; (2) imágenes grandes; y (3) menos artículos escritos por pensadores fríos y profundos.

Pues bien, al utilizarse los medios de comunicación —*especialmente los medios de prensa*— para criticar la homofobia y para brindar informaciones que sean favorables para los miembros de la comunidad lésbica, gay, bisexual, transexual y transgénero, es indudable que millones de personas observarán y/o escucharán tales mensajes. Lo que ocasiona, indudablemente, que dichos mensajes penetren dentro de millones de cerebros a la misma vez.

Pero esta cuestión de utilizar los medios de comunicación como armas de lucha va más lejos. Puesto que la comunidad lésbica, gay, bisexual, transexual y transgénero ha aprendido que, en aras de ganarse la atención de los medios de comunicación y de los populachos, es necesario llamar la atención lo más que se pueda. Y para hacer eso, la comunidad señalada se pasa buscando el apoyo de artistas afamados —*ya sean homosexuales, bisexuales o heterosexuales*— que, de por sí, atraen la atención de los medios y de las personas.

Por eso es que uno puede ver, en estos tiempos de la modernidad, a muchísimos artistas afamados y admirados: (1) participando en actividades relacionadas con la comunidad lésbica, gay, bisexual, transexual y transgénero; (2) luchando a favor de la comunidad *LGBT;* y (3) criticando la homofobia.[clxxix] Y uno puede ver y/o escuchar los mensajes de dichos artistas ya que, además de que nos hemos convertido en la civilización del espectáculo, los medios de comunicación —*por lo regular*— no les pierden ni pies ni pisadas a los ricos y famosos.

Llegados a este punto de la discusión, nos imaginamos que muchas personas se estarán preguntando si las acciones que realizan los artistas afamados y respetados a favor de la comunidad lésbica, gay, bisexual, transexual y transgénero son efectivas. *La contestación a eso es que sí.* Puesto que está demostrado que algunos artistas son tan respetados y tienen tanta influencia social que, especialmente entre los más jóvenes, «influyen bastante en la mente y en el comportamiento» de los admiradores.[clxxx]

Y sobre este último punto, no podemos dejar de señalar que es más fácil eliminar la homofobia en los jóvenes que en los viejos. ¿Saben por qué eso es así? Porque los jóvenes son más fáciles de influenciar con informaciones, especialmente si las informaciones son vistas como cuestiones: (1) que están chéveres; y (2) que están de moda. De ahí la cuestión de utilizar personalidades famosas y *"faranduleramente"* respetadas para llevar, especialmente entre los más jóvenes, los mensajes que condenan la homofobia.

Recordemos que está demostrado que los artistas famosos y ricos, al igual que los deportistas más famosos y admirados por la juventud, «influyen en la conducta y habla juveniles.»[clxxxi] De hecho, son muchísimos los jovencitos que terminan copiando *muchas características* de sus personalidades favoritas, como, por ejemplo: (1) puntos de vista sobre asuntos de interés social; y (2) formas de vestir.

Dios es gay

Capítulo ocho
Frases y pensamientos del autor

I.   Frases y pensamientos

1.

Una acción social que demuestra que existe homofobia dentro de un país, incluso dentro de los que se jactan de ser liberales, democráticos y avanzados, es cuando algunas de las instituciones de educación superior se pasan investigando las causas del homosexualismo y/o de la bisexualidad. *¿Qué carajos es eso es de estar buscando, en estos tiempos de la modernidad, las causas del homosexualismo o de la bisexualidad?* Eso es como si los homosexuales y los bisexuales fueran unos objetos de laboratorio que, por ser dizque extraños, deberían ser examinados.

En fin, como en estos tiempos ya se sabe que la homosexualidad y la bisexualidad son unas orientaciones sexuales tan normales como la heterosexualidad, entendemos que no existe ninguna lógica razón para seguir investigando sobre lo antes señalado.

Lo que deben hacer los investigadores es tratar de descubrir cuáles son los mejores tratamientos psicológicos y/o psiquiátricos para eliminar o, por lo menos, minimizar el pensamiento homofóbico.

2.

Los homofóbicos más intransigentes, si se cavila un poco en ello, tienden a ser personas amargadas y aburridas.

3.

Los imbéciles se pasan diciendo por ahí que los matrimonios entre personas de un mismo sexo no deben ser permitidos, por razón de que dichas uniones son dizque malos ejemplos para las nuevas generaciones. Además, son muchísimos los imbéciles que, alejados de la data científica, se pasan diciendo que los miembros de la comunidad *LGBT* no deben adoptar niños ya que los menores adoptados dizque tienen altas probabilidades de terminar *emocionalmente jodidos*. Ahora bien, si uno analiza la data científica con mucho cuidado uno podrá ver, en lo pertinente, que la inmensa mayoría de los menores de edad que presentan problemas de conducta son criados por parejas heterosexuales. Inclusive, no se puede pasar por alto que la inmensa mayoría de los criminales más despiadados, al igual que la inmensa mayoría de los criminales de poca monta, fueron criados por heterosexuales. Pero esto va más lejos, puesto que si uno analiza la vida de casi todos los asesinos en serie —*al igual que la vida de casi todos los asesinos múltiples*— uno se podrá percatar, para sorpresa de los homofóbicos, que la mayoría de ellos fueron criados por heterosexuales.

Por consiguiente, todo parece indicar que un menor de edad que sea criado por heterosexuales tiene más probabilidades de convertirse en un criminal, durante la adultez, que un menor de edad que haya sido criado por homosexuales.

4.

Algunas personas me han preguntado cómo se puede saber si *la guerra contra la homofobia* se ha ganado. Lo primero que les digo es que *la guerra contra la homofobia* nunca será ganada, puesto que la homofobia nunca desaparecerá mientras existan las religiones. Y lo segundo que les digo, es que *la guerra contra la homofobia* será ganada –suponiendo que eso llegue a ocurrir– cuando la mayoría de los homofóbicos: (1) se sientan abochornados por tener pensamientos homofóbicos; (2) busquen ayudas sicológicas, por sentirse mal por ser homofóbicos, para tratar sus anormalidades en el pensamiento; y (3) no se atrevan a manifestar, *públicamente,* comentarios homofóbicos.

5.

Todo *Estado* que prohíba que los homosexuales se puedan casar es, indudablemente, un *Estado homofóbico.* Digo eso ya que no hay ninguna evidencia, científicamente validada, que justifique prohibir los mencionados matrimonios.

6.

Es importante que se tenga más que claro que *la homofobia* es, además de una anormalidad en el pensamiento, hija del fundamentalismo religioso. Es decir, si no existiera el fundamentalismo religioso *la homofobia* fuera un asunto mínimo. Sin contar que *la homofobia* sería un asunto sumamente extraño: *(1)* si las religiones no existieran; y *(2)* si se entendiera el significado de la palabra libertad.

7.

Gran parte de los cabrones que, por medio de sus *actos y manifestaciones,* han demostrado ser homofóbicos, son personas que al momento de ejecutar sus homofóbicas acciones llevan dentro de sus cerebros a un homosexual o a un bisexual. Es decir, son miembros solapados de la comunidad *LGBT.*

8.

Todo *Estado* democrático, laico y republicano que prohíba que un homosexual, al igual que una pareja compuesta por personas de un mismo sexo, pueda adoptar a un niño desamparado demuestra que es un Estado: (1) en donde el político promedio le tiene pánico a los grupos religiosos y moralistas; (2) en donde la homofobia y el discrimen por orientación sexual son rampantes; y (3) que está dominado, solapadamente, por el fundamentalismo religioso.

9.

Los investigadores no deben estar investigando cuáles son las causas: (1) de la homosexualidad; y (2) de la bisexualidad. Lo que deben hacer es investigar las razones por las cuales una persona se convierte en un *abominable homofóbico.*

10.

Cuando un conocido miembro de la comunidad *LGBT* logré ser juez de la *Corte Suprema de los Estados Unidos de América*, y la inmensa mayoría de los ciudadanos sepan sobre eso, se podrá decir que la mayoría de los ciudadanos de ese violento y consumista país ha rechazado la homofobia.

11.

Todos los Estados deben permitir que se puedan casar entre sí los miembros de la comunidad lésbica, gay, bisexual, transexual y transgénero. Son muchísimas las razones para ello, siendo una de ellas de índole económica. *Nos explicamos.*

Al permitirse ese tipo de unión matrimonial, los Estados tienen la oportunidad de obtener buenas ganancias económicas. Así, por ejemplo, los Estados podrían obligar a los interesados a comprar ciertos sellos gubernamentales que se pegarían en los documentos judiciales que estén relacionados con los matrimonios. Sin contar que también podrían obligar a dichas parejas, al igual que se hace con las parejas heterosexuales, a realizarse ciertos exámenes médicos. Exámenes que, como saben todos los que han cometido la aberración de casarse, no son gratuitos.

No se puede pasar por alto, además, que los Estados también podrían obtener buenas ganancias económicas por medio de los *sellos de rentas internas* que tendrían que presentar los miembros de la comunidad *LGBT* cuando decidan radicar demandas de divorcio en los tribunales de justicia.

12.

Todo profesional de la salud mental —*como psicólogos, psiquiatras y consejeros*— que le diga a un homosexual o a un bisexual que, por medio de terapias de conversión, puede dizque convertirse en un heterosexual debe ser despojado de su licencia para ejercer su profesión.

13.

Si usted tiene un hijo menor de edad que ha dado indicios de haberse convertido en un homofóbico, le tenemos que decir que su hijo nos causa pena y preocupación. Sin contar que lo anterior es, de por sí, un gran problema. Puesto que usted está criando a un potencial discriminador por razón de orientación sexual. Sin contar que también podría estar criando a un potencial criminal que, durante la adultez, adorará cometer crímenes de odio.

Por eso le recomendamos a usted, y a todos los progenitores que tengan hijos menores de edad que presenten indicios de homofobia, que lleve a su peligroso y odioso muchachito ante un profesional de la salud mental. Con el propósito de que dicho profesional haga todo lo que esté en sus manos para erradicar, o por lo menos para minimizar, la nauseabunda homofobia que, seguramente, le traerá muchísimos problemas al odioso muchachito durante la adultez.

14.

No debe haber duda en mente de persona alguna sobre el hecho de que la sexualidad, al igual que el ejercicio de ella, es un asunto que, incluyendo a los Estados, a nadie le debe importar. A lo único que las personas deben prestarle atención es a los cabrones que se pasan follando con niños, puesto que eso es una atrocidad que tiene que ser severamente sancionada. Por consiguiente, lo que hagan dos, tres, cuatro o cinco adultos a la hora de follar en la privacidad de sus camas, no debe estar sujeto a críticas ni mucho menos *a intromisiones gubernamentales.*

15.

Los abogados no deben oponerse, en lo pertinente, a que se casen entre sí los miembros de la comunidad lésbica, gay, bisexual, transexual y transgénero. Son muchísimas las razones para apoyar ese tipo de unión matrimonial, entre ellas, razones relacionadas con el respeto a las libertades humanas. Pero otra de las razones está relacionada con cuestiones económicas, es decir, los abogados se pueden beneficiar económicamente de ese tipo de unión matrimonial. *Nos explicamos.*

Al permitirse "los matrimonios *LGBT*," el abogado que atienda casos relacionados con *asuntos de familia* puede ver un incremento en su clientela y, como beneficio de ello, en sus ingresos. Puesto que será común, de aprobarse este tipo de unión matrimonial, que muchos miembros de la comunidad lésbica, gay, bisexual, transexual y transgénero busquen *asesoramientos legales* antes de casarse. Sin contar que muchos miembros de la comunidad *LGBT* acudirían, antes de casarse, a las oficinas legales a firmar *capitulaciones matrimoniales.*

Pero hay más beneficios económicos para los letrados. Puesto que las relaciones de pareja entre miembros de la comunidad *LGBT,* como se ha demostrado, están sujetas a las mismas problemáticas que llevan a las parejas de heterosexuales a separarse. Es decir, en las relaciones de pareja entre miembros de la comunidad *LGBT* también ocurren casos de infidelidad, malos tratos, abandono, entre otras problemáticas. Lo que significa, que los abogados podrían beneficiarse económicamente al tener que presentar demandas de divorcio, contestaciones de demandas, entre otros documentos legales típicos en los casos de divorcios.

En fin, si se analiza lo que hemos explicado con gran cuidado se podrá notar que son inmensos los *beneficios económicos* que podrían obtener los letrados si, en los países en donde ejercen sus profesiones, se legalizan los matrimonios entre los miembros de la comunidad lésbica, gay, bisexual, transexual y transgénero.

Nótese que, líneas arriba, únicamente hablamos sobre asuntos que están relacionados con matrimonios entre miembros de la comunidad *LGBT*. Todavía faltaría hablar sobre los casos de adopción, herencias, seguridad social, entre otros. Y esos asuntos, incuestionablemente, también podrían brindar buenas ganancias económicas.

16.

Es curioso, pero cada vez que se publica un estudio que indica que las orientaciones sexuales de *los miembros de la comunidad LGBT* están relacionadas a factores mentales y sociales, uno puede notar que muchos líderes religiosos —*sacerdotes, curas, rabinos, imanes, reverendos, pastores o funcionarios similares de una iglesia, secta o denominación religiosa*— salen de sus comercios de embrutecimiento masivo con el fin aplaudir, discutir y/o recomendar la lectura de tales homofóbicos y seudocientíficos estudios.

Referencias

[i]**Teóloga asegura que Jesús era gay**. (2010). España, Unión Europea.: *Colegaweb*. Información consultada el 11 de agosto de 2011, de http://www.colegaweb.org/.

[ii]**Preocupa la visión católica de la homosexualidad como enfermedad**. (2010). Guaynabo, Puerto Rico.: *El Nuevo Día*. [Versión electrónica].

[iii]Sobre esto, debe ver los resultados de un estudio publicado en la revista Behavioral Neuroscience, en: Amanda Gardner. (2003). **El homosexual nace, no se hace**. San Juan, Puerto Rico.: *Con Salud*. Información consultada el 11 de enero de 2004, de http://salud.consalud.com/skins/endi/bridge_cs.asp?newsid=6152. Léase, además: Lola Rovati. **Genes de la madre pueden producir hijos gays**. (2006). España, Unión Europea.: *Bebes y más*. Información consultada el 12 de julio de 2011, de http://www.bebesymas.com/.

[iv]American Psychological Association. (2011). **Respondiendo a sus preguntas sobre orientación sexual y homosexualismo**. Washington, DC.: *American Psychological Association*. Información consultada el 28 de julio de 2011, de http://www.apa.org/topics/orientacion.html.

[v]Véanse las palabras de Carlos Ayres Britto, magistrado de la Corte Suprema de Brasil, según citadas en: **Brasil da luz verde a las uniones homosexuales**. (2011). País Vasco, España.: *Diario Vasco*. Información consultada el 27 de mayo de 2011, de http://www.diariovasco.com/.

[vi]Vea la opinión de Carlos Ayres Britto, magistrado de la Corte Suprema de Brasil, en: **Brasil da luz verde a las uniones homosexuales**. (2011). País Vasco, España.: *Diario Vasco*. Información consultada el 27 de mayo de 2011, de http://www.diariovasco.com/.

[vii]**¿Por qué no hubo fin del mundo el pasado 21 de mayo?** (2011). Santo Domingo, República Dominicana.: *Sin dioses*. Consultado el 29 de junio de 2011, de http://www.sindioses.org/.

[viii]Michael Ruse. (2011). **Jesus as an openly gay man**. Londres, Reino Unido.: *The Guardian*. Información consultada el 11 de julio de 2011, de http://www.guardian.co.uk/; Robinson, B. A. (2003). **Was/is Yeshua of Nazareth (Jesus Christ) straight, bisexual or gay?** Ontario, Canadá.: *Ontario Consultants on Religious Tolerance*. Información consultada el 23 de junio de 2011, de http://www.religioustolerance.org/chr_jegay.htm.

[ix]**Las parejas homosexuales ofrecen un ambiente 'excelente' para criar niños**. (2010). Madrid, España.: *El Mundo*. Consultado el 29 de diciembre de 2010, de http://www.elmundo.es/.

[x]**Preocupa la visión católica de la homosexualidad como enfermedad**. (2010). Guaynabo, Puerto Rico.: *El Nuevo Día*. [Versión electrónica].

[xi]Guzmán, M. (2009). **Crímenes de odio contra los gays**. Barcelona, España.: *La Vanguardia Ediciones*. Recuperado el 3 de mayo de 2010, de http://www.lavanguardia.es/.

[xii]Ruth Levush. (2009). **Israel: Gay Couple Allowed to Adopt**. Washington, DC.: *Library of Congress, Global Legal Monitor*. Información consultada el 12 de julio de 2011, de http://www.loc.gov/lawweb/servlet/lloc_news?disp3_l205401137_text.

[xiii]Rodríguez, F. Y. (2010). **Ratonas lesbianas, hermafroditas protandros y cosas que contradicen la "Ley natural" evocada por la Iglesia**. Santo Domingo, República Dominicana.: *Blog Sin Dioses*. Consultado el 29 de diciembre de 2010, de http://blog-sin-dioses.blogspot.com/.

[xiv]American Psychological Association. (2011). **Respondiendo a sus preguntas sobre orientación sexual y homosexualismo**. Washington, DC.: *American Psychological Association*. Información consultada el 28 de julio de 2011, de http://www.apa.org/topics/orientacion.html.

[xv]American Psychological Association. (2011). **Respondiendo a sus preguntas sobre orientación sexual y homosexualismo**. Washington, DC.: *American Psychological Association*. Información consultada el 28 de julio de 2011, de http://www.apa.org/topics/orientacion.html.

[xvi]American Psychological Association. (2011). **Respondiendo a sus preguntas sobre orientación sexual y homosexualismo**. Washington, DC.: *American Psychological Association*. Información consultada el 28 de julio de 2011, de http://www.apa.org/topics/orientacion.html.

[xvii]**Castigo histórico por crimen de odio**. (2009, agosto). Guaynabo, Puerto Rico.: *El Nuevo Día*. [Versión electrónica].

[xviii]Lissette Acevedo. **Mi hija ahora es mi hijo.** (2011). Guaynabo, Puerto Rico.: *El Nuevo Día*. Recuperado el 30 de junio de 2011, de http://www.elnuevodia.com/; Miguel Ángel Fuentes (2011) **¿Es correcto el cambio de sexo?** Huixquilucan, México.: *Catholic.net Inc*. Información consultada el 27 de junio de 2011, de http://es.catholic.net/. Las Siervas de los Corazones Traspasados de Jesús y María. (1999). **Homosexualidad**. Florida, EEUU. Información consultada el 30 de junio de 2009, de http://www.corazones.org/; **Transexual malasia pide ser reconocida como mujer.** (2011). Guaynabo, Puerto Rico.: *El Nuevo Día*. [Versión electrónica]; **Primera operación de cambio de sexo a una mujer en Argentina**. (2010). Argentina, Latinoamérica.: *Salud.com*. Información consultada el 28 de mayo de 2011, de http://www.salud.com/.

[xix]**Realizarán foro para hablar de la homofobia**. (2011). México, Latinoamérica.: *Noticiasenlinea*. Información consultada el 11 de julio de 2011, de http://noticiasenlinea.com/?p=21882.

[xx]**No existe el cielo, es un cuento de hadas: Stephen Hawking**. (2011). Santo Domingo, República Dominicana.: *Blog Sin Dioses*. Consultado el 29 de mayo de 2011, de http://blog-sin-dioses.blogspot.com/.

[xxi]Rodríguez, F. Y. (2010). **Ratonas lesbianas, hermafroditas protandros y cosas que contradicen la "Ley natural" evocada por la Iglesia**. Santo Domingo, República Dominicana.: *Blog Sin Dioses*. Consultado el 29 de diciembre de 2010, de http://blog-sin-dioses.blogspot.com/. Léase, además: **Los pingüinos homosexuales, insensibles a los encantos de las hembras suecas.** (2006). Madrid, España.: *20minutos*. Recuperado el 31 de diciembre de 2010, de http://www.20minutos.es/; **Los gays paleolíticos salen de la caverna**. (2010). Madrid, España.: *Público*. Información consultada el 30 de diciembre de 2010, de http://www.publico.es/; **Exhibición sobre el comportamiento homosexual en el reino animal**. (2006). España, Unión Europea.: *International Raelian Movement*. Información consultada el 19 de enero de 2010, de http://es.raelianews.org/; Vasey, P. L. **Homosexual behavior in primats: a review of evidence and theory**. *International Journal of Primatology*, 16 (1995): 173-204.

[xxii]**Los pingüinos homosexuales, insensibles a los encantos de las hembras suecas.** (2006). Madrid, España.: *20minutos*. Recuperado el 31 de diciembre de 2010, de http://www.20minutos.es/.

[xxiii]**Los gays paleolíticos salen de la caverna**. (2010). Madrid, España.: *Público*. Información consultada el 30 de diciembre de 2010, de http://www.publico.es/.

[xxiv]Vasey, P. L. **Homosexual behavior in primats: a review of evidence and theory**. *International Journal of Primatology*, 16 (1995): 173-204.

[xxv]**Mitos acerca del homosexualismo**. (2011). Lima, Perú.: *Agencia Católica de Informaciones (Aciprensa)*. Consultado el 30 de mayo de 2011, de http://www.aciprensa.com/; Ronald Bayer. (1987). **Homosexuality and American Psychiatry: The politics of Diagnosis**. Princeton, New Jersey.: *Princeton University Press*; Gregory M. Herek. (2009). **Facts About Homosexuality and Mental Health**. California, EEUU.: *Universidad de California*. Informacion consultada el 11 de enero de 2010, de http://psychology.ucdavis.edu/.

[xxvi]Federico Guillén Salazar. (2001). **El comportamiento homosexual humano: ¿qué nos muestran los estudios con primates?** Valencia, España.: *Universitat de València*. Información consultada el 11 de enero de 2011, de http://www.uv.es/metode/anuario2001/102_2001.html.

[xxvii]**Los hombres reaccionan como los monos**. (2010, junio). Guaynabo, Puerto Rico.: *El Nuevo Día*. [Versión electrónica]; Daniel Anderson. (2011). **Descifrando el dogma de la similitud del ADN**. Ontario, Canadá.: *Creacionismo*. Información consultada el 27 de mayo de 2011, de http://www.creacionismo.net/.

[xxviii]American Psychological Association. (2011). **Respondiendo a sus preguntas sobre orientación sexual y homosexualismo**. Washington, DC.: *American Psychological Association*. Información consultada el 28 de julio de 2011, de http://www.apa.org/topics/orientacion.html. Léase, además: Bodian, D. (2008). **Homosexuality**. Lower Merion Township, Pennsylvania.: *Bryn Mawr College, Serendip*. Información consultada el 11 de mayo de 2011, de http://serendip.brynmawr.edu/exchange/node/1761; Lola Rovati. **Genes de la madre pueden producir hijos gays**. (2006). España, Unión Europea.: *Bebes y más*. Información consultada el 12 de julio de 2011, de http://www.bebesymas.com/.

[xxix]American Psychological Association. (2011). **Respondiendo a sus preguntas sobre orientación sexual y homosexualismo**. Washington, DC.: *American Psychological Association*. Información consultada el 28 de mayo de 2011, de http://www.apa.org/topics/orientacion.html. Léase, además: Chris Hernández. **Sexuality is genetic, professor argues**. (2006). Princeton, NJ.: *Princeton University, The Daily Princetonian*. Información consultada el 29 de diciembre de 2010, de http://www.dailyprincetonian.com/; Dena Bodian. (2008). **Homosexuality**. Lower Merion Township, Pennsylvania.: *Bryn Mawr College*, Serendip. Información consultada el 11 de enero de 2011, de http://serendip.brynmawr.edu/exchange/node/1761.

[xxx]Chris Hernández. **Sexuality is genetic, professor argues**. (2006). Princeton, NJ.: *Princeton University, The Daily Princetonian*. Información consultada el 29 de diciembre de 2010, de http://www.dailyprincetonian.com/. Léase, además: Glenys Álvarez. (2004). **Ventaja genética del homosexualismo**. Santo Domingo, República Dominicana.: *Sin dioses*. Consultado el 29 de diciembre de 2010, de http://www.sindioses.org/.

[xxxi]**Gay Men's Bilateral Brains Better at Remembering Faces, Study Finds**. (2010). Rockville, MD.: *Science Daily*. Información consultada el 28 de diciembre de 2010, de http://www.sciencedaily.com/.

[xxxii]**Cerebro de los homosexuales se parece al del sexo opuesto**. (2008). Madrid, España.: *Noticias Terra*. Recuperado el 30 de diciembre de 2009, de http://www.terra.com/noticias/.

[xxxiii]**Se acumulan pruebas de que la homosexualidad es de nacimiento**. (2011). México, Latinoamérica.: *Vanguardia*. Información consultada el 27 de junio de 2011, de http://www.vanguardia.com.mx/.

[xxxiv]**Preocupa la visión católica de la homosexualidad como enfermedad**. (2010). Guaynabo, Puerto Rico.: *El Nuevo Día*. [Versión electrónica].

[xxxv]Lisa Leff. **Niños se crían bien con padres gays**. (2010, enero). Guaynabo, Puerto Rico.: *Primera Hora*. [Versión electrónica].

[xxxvi]**Estudio demuestra que hijos e hijas criados por mujeres lesbianas tienen un sobresaliente desarrollo psíquico e intelectual**. (2010). Argentina, Latinoamérica.: *AG Magazine*. Información consultada el 27 de diciembre de 2010, de http://www.agmagazine.info/.

[xxxvii]**Destacan buen ambiente de hogares homosexuales para crianza de niños**. (2010). Santo Domingo República Dominicana.: *Periódico El Nacional*. Información consultada el 27 de diciembre de 2010, de http://www.elnacional.com.do/; **Las parejas homosexuales ofrecen un ambiente 'excelente' para criar niños**. (2010). Madrid, España.: *El Mundo*. Consultado el 29 de diciembre de 2010, de http://www.elmundo.es/.

[xxxviii]**Arqueólogos encuentran restos de un hombre gay de la era de las cavernas**. (2011). México, Latinoamérica.: *CNN México*. Información consultada el 27 de mayo de 2011, de http://mexico.cnn.com/; **Los gays paleolíticos salen de la caverna**. (2010). Madrid, España.: *Público*. Información consultada el 30 de diciembre de 2010, de http://www.publico.es/.

[xxxix]**Hallan el primer antepasado homosexual (o transexual) de la Historia**. (2011). Homestead, FL.: *Informe21*. Información consultada el 27 de mayo de 2011, http://informe21.com/.

[xl]**Los gays paleolíticos salen de la caverna**. (2010). Madrid, España.: *Público*. Información consultada el 30 de diciembre de 2010, de http://www.publico.es/.

[xli]**Los gays paleolíticos salen de la caverna**. (2010). Madrid, España.: *Público*. Información consultada el 30 de diciembre de 2010, de http://www.publico.es/.

Ismael Leandry Vega   **177**

xliiEl período Paleolítico. (2010). Argentina, Latinoamérica.: *La Historia del Universo.* Información consultada el 11 de enero de 2011, de http://lahistoriadeluniverso.blogspot.com/2010/10/el-periodo-paleolitico.html.
xliiiLos gays paleolíticos salen de la caverna. (2010). Madrid, España.: *Público.* Información consultada el 30 de diciembre de 2010, de http://www.publico.es/. Léase, además: Exhibición sobre el comportamiento homosexual en el reino animal. (2006). España, Unión Europea.: *International Raelian Movement.* Información consultada el 19 de enero de 2010, de http://es.raelianews.org/; California debate lugar de la historia de gays en libros de texto. (2011). Madrid, España.: *Noticias Terra.* Recuperado el 30 de julio de 2011, de http://www.terra.com/noticias/.
xlivCuba conmemorará el centenario de un escritor marginado por homosexual. (2011). California, EEUU.: *Noticias Google.* Información consultada el 28 de julio de 2011, de http://news.google.com/news/.
xlvUna nueva biografía en EEUU retrata a Gandhi como homosexual y xenófobo. (2011). Homestead, FL.: *Informe21.* Información consultada el 18 de mayo de 2011, http://informe21.com/.
xlviCalifornia debate lugar de la historia de gays en libros de texto. (2011). Madrid, España.: *Noticias Terra.* Recuperado el 30 de julio de 2011, de http://www.terra.com/noticias/; Bastero acoge la muestra Hombres y Mujeres homosexuales en la Historia. (2009). País Vasco, España.: *Diario Vasco.* Información consultada el 27 de mayo de 2010, de http://www.diariovasco.com/.
xlviiTiene su día Harvey Milk. (2009, octubre). Guaynabo, Puerto Rico.: *El Nuevo Día.* Recuperado el 30 de diciembre de 2009, de http://www.elnuevodia.com/.
xlviiiUn estudio revela cómo los homosexuales han sido tratados como enfermos o viciosos. (2011). Homestead, FL.: *Informe21.* Información consultada el 30 de julio de 2011, http://informe21.com/.
xlixVíctor Miguel Gallardo. (2010). La literatura de la conspiración. España, Unión Europea.: *Lecturalia.* Información consultada el 30 de junio de 2011, de http://www.lecturalia.com/.
lRodríguez, F. Y. (2010). ¿Hasta dónde llega la homofobia de la Iglesia Católica? Santo Domingo, República Dominicana.: *Blog Sin Dioses.* Consultado el 30 de diciembre de 2010, de http://blog-sin-dioses.blogspot.com/; Luigi Cascioli. (2011). Open mail to Vatican. Italia, Europa.: *Luigi Cascioli Web.* Información consultada el 12 de julio de 2011, de http://www.luigicascioli.eu/traduzioni/en_argomenti_lettera_vat.htm.
liTeruel en la baja edad media. (2007). España, Unión Europea.: *Terueltirwal.* Información consultada el 18 de agosto de 2009, de http://www.terueltirwal.es/teruel/teruelmedieval.html.
liiUn monumento a homosexuales víctimas del nazismo. (2008). Patagonia, Argentina.: *Diario Río Negro.* Información consultada el 12 de julio de 2011, de http://www1.rionegro.com.ar/.
liiiBarcelona inaugura un monumento dedicado a homosexuales víctimas de la represión. (2011). Madrid, España.: *Corporación Radio Televisión Española (RTVE).* Información consultada el 30 de julio de 2011, de http://www.rtve.es/.
livHomosexuality Quotes. (2011). Texas, EEUU.: *Brainy Quote.* Recuperado el 18 de agosto de 2011, de http://www.brainyquote.com/.
lvExhibición sobre el comportamiento homosexual en el reino animal. (2006). España, Unión Europea.: *International Raelian Movement.* Información consultada el 19 de enero de 2010, de http://es.raelianews.org/.
lviÁngeles y arcángeles I. (2011). *Todo Ángeles.* Información consultada el 11 de julio de 2011, de http://www.todoangeles.com/; Los Ángeles. (2010). Salamanca, España.: *El Rincón del Vago.* Información consultada el 30 de diciembre de 2010, de http://html.rincondelvago.com/; Inquieta auge de movimiento religioso centrado en los ángeles. (2010, octubre). Guaynabo, Puerto Rico.: *El Nuevo Día.* Recuperado el 30 de diciembre de 2010, de http://www.elnuevodia.com/; Alexander Flores. (2010). LGBT Bible. Colorado, EEUU.: *LGBT Bible.* Información consultada el 11 de julio de 2011, de http://lgbtbible.org/about.htm.

lviiRobinson, B.A. (2003). **Was/is Yeshua of Nazareth (Jesus Christ) straight, bisexual or gay?** Ontario, Canadá.: *Ontario Consultants on Religious Tolerance.* Información consultada el 23 de junio de 2011, de http://www.religioustolerance.org/chr_jegay.htm; Elizabeth Day. (2005). **Jesus might have been homosexual, says the first openly gay bishop.** Reino Unido, Unión Europea.: *Telegraph.* Información consultada el 11 de septiembre de 2010, de http://www.telegraph.co.uk/.

lviiiAdelaido Martínez Huitrón. (2007). **Religión y homosexualidad: Amor de Dios, odio de los hombres.** México D.F.: *Anodis.* Información consultada el 30 de junio de 2009, de http://anodis.com/nota/8954.asp. Léase, además: **Jesús era un gay compasivo que entendía al ser humano.** (2010). Colombia, Latinoamérica.: *Noticias Terra.* Recuperado el 30 de agosto de 2011, de http://www.terra.com.co/; **Teóloga asegura que Jesús era gay.** (2010). España, Unión Europea.: *Colegaweb.* Información consultada el 11 de agosto de 2011, de http://www.colegaweb.org/; Robinson, B.A. (2003). **Was/is Yeshua of Nazareth (Jesus Christ) straight, bisexual or gay?** Ontario, Canadá.: *Ontario Consultants on Religious Tolerance.* Información consultada el 23 de junio de 2011, de http://www.religioustolerance.org/chr_jegay.htm; Elizabeth Day. (2005). **Jesus might have been homosexual, says the first openly gay bishop.** Reino Unido, Unión Europea.: *Telegraph.* Información consultada el 11 de septiembre de 2010, de http://www.telegraph.co.uk/; Michael Ruse. (2011). **Jesus as an openly gay man.** Londres, Reino Unido.: *The Guardian.* Información consultada el 11 de julio de 2011, de http://www.guardian.co.uk/; **Do These 2,000-Year Old Christian Codices Reveal Jesus Was An Out Gay Dude?** (2011, 4 de abril). Italia, Unión Europea.: *Liquida.* Información consultada el 12 de mayo de 2011, de http://www.liquida.com/.

lixTeóloga asegura que Jesús era gay. (2010). España, Unión Europea.: *Colegaweb.* Información consultada el 11 de agosto de 2011, de http://www.colegaweb.org/.

lxTeóloga asegura que Jesús era gay. (2010). España, Unión Europea.: *Colegaweb.* Información consultada el 11 de agosto de 2011, de http://www.colegaweb.org/.

lxiAlex Hudson. **La creatividad y la locura.** (2011). Londres, Reino Unido.: *British Broadcasting Corporation (BBC).* Recuperado el 30 de julio de 2011, de http://news.bbc.co.uk/hi/spanish/news/; **¿Qué hay en el cerebro de un genio?** (2011). Londres, Reino Unido.: *British Broadcasting Corporation (BBC).* Recuperado el 30 de julio de 2011, de http://news.bbc.co.uk/hi/spanish/news/; Michelle Roberts. **Creatividad: ¿una forma de locura?** (2010, mayo). Londres, Reino Unido.: *British Broadcasting Corporation (BBC).* Recuperado el 30 de diciembre de 2010, de http://news.bbc.co.uk/.

lxiiYork University (2010). **Gay men's bilateral brains better at remembering faces, study finds.** Rockville, MD.: *Science Daily.* Información consultada el 28 de diciembre de 2010, de http://www.sciencedaily.com/.

lxiiiPreocupa la visión católica de la homosexualidad como enfermedad. (2010). Guaynabo, Puerto Rico.: *El Nuevo Día.* [Versión electrónica].

lxivPreocupa la visión católica de la homosexualidad como enfermedad. (2010). Guaynabo, Puerto Rico.: *El Nuevo Día.* [Versión electrónica]. Léase, además: **Psychologists Reject Gay 'Therapy'.** (2009, agosto). New York, NY.: *The New York Times.* Recuperado el 29 de diciembre de 2009, de http://www.nytimes.com/.

lxvPsychologists Reject Gay 'Therapy'. (2009, agosto). New York, NY.: *The New York Times.* Recuperado el 29 de diciembre de 2009, de http://www.nytimes.com/.

lxviSe acumulan pruebas de que la homosexualidad es de nacimiento. (2011). México, Latinoamérica.: *Vanguardia.* Información consultada el 27 de junio de 2011, de http://www.vanguardia.com.mx/.

lxviiAmerican Psychological Association. (2011). **Respondiendo a sus preguntas sobre orientación sexual y homosexualismo.** Washington, DC.: *American Psychological Association.* Información consultada el 28 de diciembre de 2011, de http://www.apa.org/topics/orientacion.html.

Ismael Leandry Vega   *179*

lxviii¿**Qué es una pseudociencia?** (2011). Argentina, Latinoamérica.: *Círculo Escéptico.* Información consultada el 14 de junio de 2011, de http://circuloesceptico.com.ar/pseudociencia/.

lxix**Envían a 66 jóvenes afeminados a campo especial en Malasia**. (2011). Londres, Reino Unido.: *British Broadcasting Corporation (BBC).* Recuperado el 30 de mayo de 2011, de http://news.bbc.co.uk/hi/spanish/news/; **Ministra de Malasia condena centro para corregir jóvenes afeminados**. (2011). Londres, Reino Unido.: *British Broadcasting Corporation (BBC).* Recuperado el 30 de mayo de 2011, de http://news.bbc.co.uk/.

lxx**El Vaticano se opone a la despenalización universal de la homosexualidad.** (2008,). *El País.* Madrid, España. Consultado el 29 de diciembre de 2008, de http://www.elpais.com/.

lxxi**Un estudio científico afirma que los homofóbicos rechazan su propia orientación.** (2012). España, Unión Europea.: *El Economista.* Información consultada el 14 de febrero de 2013, de http://ecodiario.eleconomista.es/.

lxxii**El 'Mea Culpa' de Fidel Castro por la persecución a homosexuales reabre heridas.** (2010). Homestead, FL.: *Informe21.* Información consultada el 31 de diciembre de 2010, http://informe21.com/.

lxxiii**El 'Mea Culpa' de Fidel Castro por la persecución a homosexuales reabre heridas.** (2010). Homestead, FL.: *Informe21.* Información consultada el 31 de diciembre de 2010, http://informe21.com/.

lxxiv**Víctimas olvidadas de los nazis.** (2009). País Vasco, España.: *Diario Vasco.* Información consultada el 27 de mayo de 2010, de http://www.diariovasco.com/.

lxxv**Víctimas olvidadas de los nazis.** (2009). País Vasco, España.: *Diario Vasco.* Información consultada el 27 de mayo de 2010, de http://www.diariovasco.com/.

lxxvi**Desagravio a héroe de guerra gay.** (2009). Londres, Reino Unido.: *British Broadcasting Corporation (BBC).* Recuperado el 30 de diciembre de 2010, de http://news.bbc.co.uk/hi/spanish/news/.

lxxvii**Desagravio a héroe de guerra gay.** (2009). Londres, Reino Unido.: *British Broadcasting Corporation (BBC).* Recuperado el 30 de diciembre de 2010, de http://news.bbc.co.uk/hi/spanish/news/. Léase, además: **Ruedan un documental sobre la vida y obra del matemático y científico gay Alan Turing.** (2011). Argentina, Latinoamérica.: *AG Magazine.* Información consultada el 11 abril de 2011, http://www.agmagazine.info/.

lxxviii**Desagravio a héroe de guerra gay.** (2009). Londres, Reino Unido.: *British Broadcasting Corporation (BBC).* Recuperado el 30 de diciembre de 2010, de http://news.bbc.co.uk/hi/spanish/news/.

lxxix**Ruedan un documental sobre la vida y obra del matemático y científico gay Alan Turing.** (2011). Argentina, Latinoamérica.: *AG Magazine.* Información consultada el 11 abril de 2011, http://www.agmagazine.info/.

lxxx**Reino Unido: fallo a favor de refugiados homosexuales.** (2011). Londres, Reino Unido.: *British Broadcasting Corporation (BBC).* Recuperado el 30 de mayo de 2011, de http://news.bbc.co.uk/hi/spanish/news/.

lxxxi**Alemania deroga la restricción a los homosexuales para adoptar.** (2013). San Juan, Puerto Rico.: *Noticel.* Información consultada el 28 de febrero de 2013, de http://www.noticel.com/.

lxxxii**Europa fue pionera en autorizar las uniones entre gays.** (2010). Buenos Aires, Argentina.: *La Nación.* Consultado el 31 de diciembre de 2011, de http://www.lanacion.com.ar/.

lxxxiii**El Congreso aprueba la ley del matrimonio homosexual.** (2005). Madrid, España.: *El País.* Consultado el 29 de diciembre de 2010, de http://www.elpais.com/.

lxxxiv**El matrimonio gay es constitucional.** (2012). Madrid, España.: *El País.* Consultado el 30 de enero de 2013, de http://www.elpais.com/.

lxxxv**Homosexuales se besan frente al Papa en protesta por su posición ante el tema.** (2010). Argentina, Latinoamérica.: *Agencia Latinoamericana y Caribeña de Comunicación.* Información consultada el 11 de enero de 2011, de http://www.alcnoticias.net/.

lxxxviDecisión del Tribunal Supremo de Canadá sobre el matrimonio homosexual. (2004, 12 de diciembre). *Directorio de Código Civil*. Información consultada el 20 de enero de 2009, de http://www.codigo-civil.org/archivado/?p=456.

lxxxviiAnne Gearan. (2003). **Anula ley de sodomía supremo de EE.UU**. Guaynabo, Puerto Rico.: *Primera Hora*. [Versión electrónica]. Léase, además: Maritza Díaz Alcaide (2003). **Aplica en Puerto Rico decisión sobre libertad en la intimidad**. Guaynabo, Puerto Rico.: *Primera Hora*. [Versión electrónica].

lxxxviiiEuropa fue pionera en autorizar las uniones entre gays. (2010). Buenos Aires, Argentina.: *La Nación*. Consultado el 31 de diciembre de 2011, de http://www.lanacion.com.ar/; **El Congreso aprueba la ley del matrimonio homosexual**. (2005). Madrid, España.: *El País*. Consultado el 29 de diciembre de 2010, de http://www.elpais.com/.

lxxxixCorte colombiana reconoce a homosexuales derecho heredar patrimonio de pareja. (2011). Madrid, España.: *Noticias Terra*. Recuperado el 30 de mayo de 2011, de http://www.terra.com/noticias/.

xcCorte Suprema de Brasil reconoce unión y derechos de parejas homosexuales. (2011). Homestead, FL.: *Informe21*. Información consultada el 30 de julio de 2011, http://informe21.com/.

xciCorte Suprema de Brasil reconoce unión y derechos de parejas homosexuales. (2011). Homestead, FL.: *Informe21*. Información consultada el 30 de julio de 2011, http://informe21.com/; **Brasil da luz verde a las uniones homosexuales**. (2011). País Vasco, España.: *Diario Vasco*. Información consultada el 27 de mayo de 2011, de http://www.diariovasco.com/.

xciiGesta de gays y lesbianas. (2010, julio). Guaynabo, Puerto Rico.: *El Nuevo Día*. [Versión electrónica].

xciiiIglesias arcoiris frente a la homofobia. (2010). Londres, Reino Unido.: *British Broadcasting Corporation (BBC)*. Recuperado el 30 de diciembre de 2010, de http://news.bbc.co.uk/hi/spanish/news/.

xcivSuprema Corte declara constitucionales bodas homosexuales en Ciudad de México. (2010). Colombia, Latinoamérica.: *Semana*. Información consultada el 18 de agosto de 2011, de http://www.semana.com/.

xcvBuenos Aires acoge a la primera funcionaria travesti del país. (2011). Londres, Reino Unido.: *British Broadcasting Corporation (BBC)*. Recuperado el 30 de julio de 2011, de http://news.bbc.co.uk/hi/spanish/news/.

xcviCastigo histórico por crimen de odio. (2009, agosto). Guaynabo, Puerto Rico.: *El Nuevo Día*. [Versión electrónica].

xcviiMiguel Guzmán. (2009). **Crímenes de odio contra los gays**. Barcelona, España.: *La Vanguardia Ediciones*. Recuperado el 30 de diciembre de 2010, de http://www.lavanguardia.es/.

xcviiiBrasil da luz verde a las uniones homosexuales. (2011). País Vasco, España.: *Diario Vasco*. Información consultada el 27 de mayo de 2011, de http://www.diariovasco.com/.

xcixTribunal Supremo autoriza celebrar primer desfile de homosexuales. (2010). México, Latinoamérica.: *NTR Zacatecas*. Información consultada el 12 de julio de 2011, de http://ntrzacatecas.com/.

cPaul Elías. (2008, 19 de agosto). **Médicos no pueden negar atención a gays: les prohíben invocar creencias religiosas**. *Impresiones Latinas*. Información consultada el 17 de diciembre de 2008,http://www.impre.com/.

ciAlemania expulsará a imán que incita a matar homosexuales. (2011). Santo Domingo, República Dominicana.: *Blog Sin Dioses*. Consultado el 29 de junio de 2011, de http://blog-sin-dioses.blogspot.com/.

ciiTransexual malasia pide ser reconocida como mujer. (2011). Guaynabo, Puerto Rico.: *El Nuevo Día*. [Versión electrónica].

ciiiLas malayas no pueden ser lesbianas. (2008, 24 de octubre). España, Unión Europea.: *La Voz de Galicia*. Información consultada el 24 de octubre de 2008, de

http://www.lavozdegalicia.es/; **Transexual malasia pide ser reconocida como mujer**. (2011). Guaynabo, Puerto Rico.: *El Nuevo Día*. [Versión electrónica].
civ**Turkish gay group will fight ban**. (2008). Londres, Reino Unido.: *British Broadcasting Corporation (BBC)*. Recuperado el 30 de diciembre de 2010, de http://news.bbc.co.uk/.
cv**Un puñal contra la marcha gay en Jerusalén**. (2005). Argentina, Latinoamérica.: *Página 12*. Información consultada el 22 de diciembre de 2010, de http://www.pagina12.com.ar/; **Alerta máxima en Jerusalén por marcha gay**. (2007). Montevideo, Uruguay.: *El País*. Información consultada el 31 de diciembre de 2010, de http://www.elpais.com.uy/.
cvi**El Tribunal Supremo israelí reconoce cinco matrimonios gays celebrados en Canadá**. (2006). Madrid, España.: *El País*. Consultado el 30 de diciembre de 2010, de http://www.elpais.com/.
cvii**Ruth Levush**. (2009). **Israel: Gay Couple Allowed to Adopt**. Washington, DC.: *Library of Congress, Global Legal Monitor*. Información consultada el 12 de julio de 2011, de http://www.loc.gov/lawweb/servlet/lloc_news?disp3_l205401137_text.
cviii**Obama considera "anticonstitucional" una ley que prohíbe el matrimonio gay**. (2011). Madrid, España.: *Noticias Terra*. Recuperado el 30 de julio de 2011, de http://www.terra.com/noticias/.
cix**Véanse las palabras de Gilmar Mendes, magistrado de la Corte Suprema de Brasil, según citadas en: **Brasil da luz verde a las uniones homosexuales**. (2011). País Vasco, España.: *Diario Vasco*. Información consultada el 27 de mayo de 2011, de http://www.diariovasco.com/.
cx**Brasil: Echan del ejército a un teniente coronel por ser gay**. (2010). Buenos Aires, Argentina.: *La Nación*. Consultado el 31 de diciembre de 2010, de http://www.lanacion.com.ar/.
cxi**Cualquiera tiene derecho a luchar por su país**. (2010, febrero). Guaynabo, Puerto Rico.: *El Nuevo Día*. Recuperado el 30 de diciembre de 2010, de http://www.elnuevodia.com/.
cxii**El armario abierto del Ejército de Israel**. (2008). España, Unión Europea.: *Libertad Digital*. Información consultada el 12 de noviembre de 2010, de http://www.libertaddigital.com/.
cxiii**Firma Obama histórica ley que permitirá gays en el Ejército**. (2010, 22 de diciembre). México, Latinoamérica.: *Organización Editorial Mexicana*. Información consultada el 11 de julio de 2011, de http://www.oem.com.mx/; **Estados Unidos / homosexuales: el ejército entra en el siglo XXI**. (2010). Londres, Reino Unido.: *British Broadcasting Corporation (BBC)*. Recuperado el 31 de diciembre de 2010, de http://news.bbc.co.uk/hi/spanish/news/.
cxiv**Estados Unidos / homosexuales: el ejército entra en el siglo XXI**. (2010). Londres, Reino Unido.: *British Broadcasting Corporation (BBC)*. Recuperado el 31 de diciembre de 2010, de http://news.bbc.co.uk/hi/spanish/news/. Léase, además: **Cualquiera tiene derecho a luchar por su país**. (2010, febrero). Guaynabo, Puerto Rico.: *El Nuevo Día*. Recuperado el 30 de diciembre de 2010, de http://www.elnuevodia.com/.
cxv**Estados Unidos / homosexuales: el ejército entra en el siglo XXI**. (2010). Londres, Reino Unido.: *British Broadcasting Corporation (BBC)*. Recuperado el 31 de diciembre de 2010, de http://news.bbc.co.uk/hi/spanish/news/.
cxvi**Gays in the military: The UK and US compared**. (2010). Londres, Reino Unido.: *British Broadcasting Corporation (BBC)*. Recuperado el 30 de diciembre de 2010, de http://news.bbc.co.uk/; **Armed Forces celebrates diversity with gay serviceman in Soldier magazine**. (2009). Reino Unido, Unión Europea.: *Telegraph*. Información consultada el 11 de septiembre de 2010, de http://www.telegraph.co.uk/; **Gay soldiers to be paid expenses for attending Pride marches**. (2008). Reino Unido, Unión Europea.: Telegraph. Información consultada el 11 de septiembre de 2010, de http://www.telegraph.co.uk/; **Gays welcome to serve in the Army**. (2008). Reino Unido, Unión Europea.: *Telegraph*. Información consultada el 11 de septiembre de 2010, de http://www.telegraph.co.uk/; **Gay soldier in army magazine**. (2009). Reino Unido, Unión Europea.: *Telegraph*. Información consultada el 11 de septiembre de 2010, de http://www.telegraph.co.uk/; **Army's top general makes history by addressing conference on homosexuality**. (2008). Reino Unido, Unión Europea.: *Telegraph*. Información consultada el 11 de septiembre de 2010, de http://www.telegraph.co.uk/.

[cxvii]**Gays in the military: The UK and US compared**. (2010). Londres, Reino Unido.: *British Broadcasting Corporation (BBC)*. Recuperado el 30 de diciembre de 2010, de http://news.bbc.co.uk/.

[cxviii]American Psychological Association. "**Pentagon and Congress should act quickly to end gay military ban, American Psychological Association says**." Rockville, MD.: *ScienceDaily*, 4 Feb. 2010. Web. 24 Feb. 2013.

[cxix]Christopher S. Carpenter. (2008). **Sexual orientation, work, and income in Canada**. Canadá, Norteamérica.: *Canadian Journal of Economics*, Volume 41 Issue 4, pp. 1239–1261. Léase, además: **Los homosexuales son los que mejor se adaptan a las nuevas tecnologías, según un estudio**. (2006). Madrid, España.: *20minutos*. Recuperado el 31 de diciembre de 2010, de http://www.20minutos.es/.

[cxx]**Estudio demuestra que hijos e hijas criados por mujeres lesbianas tienen un sobresaliente desarrollo psíquico e intelectual**. (2010). Argentina, Latinoamérica.: *AG Magazine*. Información consultada el 27 de diciembre de 2010, de http://www.agmagazine.info/.

[cxxi]Oscar De Madrid. (2009). **Gay visible sería nombrado embajador de EE.UU. por Obama**. Argentina, Latinoamérica.: *AG Magazine*. Información consultada el 11 enero de 2011, http://www.agmagazine.info/; **Casa Blanca nombra primer secretario social hombre y abiertamente homosexual**. (2009). Madrid, España.: *Noticias Terra*. Recuperado el 30 de junio de 2011, de http://www.terra.com/noticias/.

[cxxii]**Obama recluta a una transexual para el Departamento de Comercio**. (2010, enero). Guaynabo, Puerto Rico.: *El Nuevo Día*. Recuperado el 30 de diciembre de 2010, de http://www.elnuevodia.com/.

[cxxiii]**Reino Unido: fallo a favor de refugiados homosexuales**. (2011). Londres, Reino Unido.: *British Broadcasting Corporation (BBC)*. Recuperado el 30 de mayo de 2011, de http://news.bbc.co.uk/hi/spanish/news/.

[cxxiv]**Una amplia mayoría de países aceptan mejor la homosexualidad**. (2011). Madrid, España.: *Noticias Terra*. Recuperado el 30 de agosto de 2011, de http://www.terra.com/noticias/.

[cxxv]Cornell University. (2011). **Lesbian, Gay, Bisexual, & Transgender Studies Program**. Ithaca, New York. Información consultada el 12 de julio de 2011, de http://www.arts.cornell.edu/lgbt/; **Major: Gay and Lesbian Studies**. (2011). Nueva Jersey, EEUU.: *The Princeton Review*. Información consultada el 16 de julio de 2011, de http://www.princetonreview.com/Majors.aspx?cip=050208&page=1; **CUNY Graduate School and University Center, Master degree: Lesbian/Gay/Queer Studies**. (2011). New York, EEUU.: *Universities*. Información consultada el 16 de julio de 2011, de http://www.universities.com/edu/Masters_degree_in_Lesbian_Gay_Queer_Studies_at_CUNY_G raduate_School_and_University_Center.html.

[cxxvi]University of Michigan. (2011). **Certificate Programs: Graduate Certificate in Lesbian, Gay, Bisexual, Transgender, and Queer Studies**. Michigan, EEUU.: *University of Michigan*. Información consultada el 11 de agosto de 2011, de http://www.lsa.umich.edu/women/graduate/certificates.html#lgbtqcert.

[cxxvii]The Graduate Center, The City University of New York. (2011). **Lesbian/Gay/Queer Studies**. New York, NY. Información consultada el 11 de julio de 2011, de http://web.gc.cuny.edu/provost/ids/program_information/lgq_studies.html.

[cxxviii]**El Gobierno de Río de Janeiro lanza una campaña publicitaria contra la homofobia**. (2011). Homestead, FL.: *Informe21*. Información consultada el 18 de agosto de 2011, http://informe21.com/.

[cxxix]**Libros para niños que abordan la homosexualidad**. (2007). España, Unión Europea.: *Bebes y más*. Información consultada el 12 de julio de 2011, de http://www.bebesymas.com/.

[cxxx]**Los jóvenes ven con naturalidad la homosexualidad, pero sus padres no**. (2011). País Vasco, España.: *Diario Vasco*. Información consultada el 13 de agosto de 2011, de http://www.diariovasco.com/; **Una amplia mayoría de países aceptan mejor la**

Ismael Leandry Vega   **183**

homosexualidad. (2011). Madrid, España.: *Noticias Terra*. Recuperado el 30 de agosto de 2011, de http://www.terra.com/noticias/.

cxxxiMelisa Ortega. **Tribunal Supremo prohíbe adopción en caso de pareja de mujeres**. (2013). Guaynabo, Puerto Rico.: *Primera Hora*. [Versión electrónica]; Oscar J. Serrano. **Tras marcha, Supremo saca prohibición de adopción para parejas gay**. (2013). San Juan, Puerto Rico.: *Noticel*. Información consultada el 27 de febrero de 2013, de http://www.noticel.com/.

cxxxiiMelisa Ortega. **Tribunal Supremo prohíbe adopción en caso de pareja de mujeres**. (2013). Guaynabo, Puerto Rico.: *Primera Hora*. [Versión electrónica]. Léase, además: Lebrón, A. (2013). **Polémicas expresiones del Supremo para prohibir adopción gay**. Caguas, Puerto Rico.: *Metro*. Información consultada el 25 de febrero de 2013, de http://www.metro.pr/.

cxxxiii**El sacerdote sancionado por apoyar la ley matrimonio igualitario confirmó que oficiará misa**. (2010). Argentina, Latinoamérica.: *Agencia de Noticias de la República Argentina*. Información consultada el 18 de agosto de 2010, de http://www.telam.com.ar/.

cxxxiv**Los luteranos italianos aprueban la bendición de las uniones homosexuales**. (2011). Madrid, España.: *Noticias Terra*. Recuperado el 30 de julio de 2011, de http://www.terra.com/noticias/.

cxxxv**Se pronuncian masones a favor de las bodas gay**. (2010). México D.F.: *Anodis*. Información consultada el 30 de junio de 2011, de http://anodis.com/.

cxxxvi**Iglesia anglicana**. (2008). Enciclopedia Microsoft Encarta Online 2008. *Microsoft Corporation*.: Redmond, WA. [Versión "online" en español]. Léase, además: Lisa Vives. (2009). **Gays dividen a la Iglesia Episcopal**. Montevideo, Uruguay.: *Agencia de Noticias Inter Press Service (IPS)*. Información consultada el 12 de septiembre de 2010, de http://ipsnoticias.net/nota.asp?idnews=42324; **Iglesia Episcopal de los Estados Unidos nomina a gays como obispos**. (2009). Buenos Aires, Argentina.: *Infobae*. Consultado el 29 de diciembre de 2010, de http://www.infobae.com/.

cxxxvii**Primera obispo lesbiana de la Iglesia Episcopal**. (2010, mayo). Londres, Reino Unido.: *British Broadcasting Corporation (BBC)*. Recuperado el 30 de diciembre de 2010, de http://news.bbc.co.uk/hi/spanish/news/.

cxxxviii**Iglesias "arcoiris" frente a la homofobia**. (2010). Londres, Reino Unido.: *British Broadcasting Corporation (BBC)*. Recuperado el 30 de diciembre de 2010, de http://news.bbc.co.uk/hi/spanish/news/.

cxxxixLas Siervas de los Corazones Traspasados de Jesús y María. (1999). **Homosexualidad**. Florida, EEUU. Información consultada el 30 de junio de 2009, de http://www.corazones.org/moral/homosexualidad.htm.

cxlMario de Queiroz. (2009). **La Biblia cruel según Saramago**. Montevideo, Uruguay.: *Agencia de Noticias Inter Press Service (IPS)*. Información consultada el 12 de julio de 2011, de http://ipsnoticias.net/.

cxliLéanse las palabras del doctor José Saramago, premio Nobel de Literatura, según citadas en: Mario de Queiroz. (2009). **La Biblia cruel según Saramago**. Montevideo, Uruguay.: *Agencia de Noticias Inter Press Service (IPS)*. Información consultada el 12 de julio de 2011, de http://ipsnoticias.net/.

cxliiMario de Queiroz. (2009). **La Biblia cruel según Saramago**. Montevideo, Uruguay.: *Agencia de Noticias Inter Press Service (IPS)*. Información consultada el 12 de julio de 2011, de http://ipsnoticias.net/.

cxliiiRodríguez, F. Y. (2010). **Pastor de Megaiglesia evangélica de Estados Unidos sale del clóset**. Santo Domingo, República Dominicana.: *Blog Sin Dioses*. Consultado el 29 de diciembre de 2010, de http://blog-sin-dioses.blogspot.com/.

cxlivEric Gorski. (2006). **Pastor resigns over homosexuality**. Denver, EEUU.: *Denver Post*. Información consultada el 12 de noviembre de 2010, de http://www.denverpost.com/ci_4817067.

cxlv**Autorizan marcha gay en Jerusalén**. (2007). Jerusalén, Israel.: *El Reloj*. Información consultada el 23 de julio de 2011, de http://www.elreloj.com/article.php?id=23397; **Religiosos judíos, católicos y musulmanes, contra Marcha del Orgullo Gay en Jerusalén**. (2005, 31 de marzo). Santiago de Chile, República de Chile.: *Noticia Cristiana*. Información consultada el 18 de agosto de 2008, de http://www.noticiacristiana.com/; **Mazuz aprueba marcha gay; disturbios en Jerusalén.** (2006). Jerusalén, Israel.: *El Reloj.* Información consultada el 23 de julio de 2011, de http://www.elreloj.com/; Ruth Levush. (2009). **Israel: Gay Couple Allowed to Adopt.** Washington, DC.: *Library of Congress, Global Legal Monitor.* Información consultada el 12 de julio de 2011, de http://www.loc.gov/lawweb/servlet/lloc_news?disp3_l205401137_text; **Un puñal contra la marcha gay en Jerusalén.** (2005). Argentina, Latinoamérica.: *Página 12.* Información consultada el 22 de diciembre de 2010, de http://www.pagina12.com.ar/; **El Tribunal Supremo israelí reconoce cinco matrimonios gays celebrados en Canadá.** (2006). Madrid, España.: *El País.* Consultado el 30 de diciembre de 2010, de http://www.elpais.com/; **Alerta máxima en Jerusalén por marcha gay.** (2007). Montevideo, Uruguay.: *El País.* Información consultada el 31 de diciembre de 2010, de http://www.elpais.com.uy/.

cxlvi**Clérigo sugiere que los homosexuales lleven tatuajes de advertencia con mensajes similares a los de los cigarrillos.** (2008). Madrid, España.: *Escepticismo.* Información consultada el 28 de diciembre de 2009, de http://www.escepticismo.es/.

cxlviiRodríguez, F. Y. (2010). **Clero católico y ortodoxo unido por la homofobia.** Santo Domingo, República Dominicana.: *Blog Sin Dioses.* Consultado el 29 de diciembre de 2010, de http://blog-sin-dioses.blogspot.com/.

cxlviii**Condenan a sacerdote por fomentar odio contra minorías sexuales en Croacia.** (2011). Chile, Latinoamérica.: *El Sur.* [Versión electrónica]; **Condenan en Croacia a un sacerdote por propagar odio contra los homosexuales.** (2011). Madrid, España.: *Noticias Terra.* Recuperado el 30 de julio de 2011, de http://www.terra.com/noticias/; **Condenan en Croacia a un sacerdote por propagar odio contra los homosexuales.** (2011). Guaynabo, Puerto Rico.: *Primera Hora.* [Versión electrónica].

cxlix**Condenan a sacerdote por fomentar odio contra minorías sexuales en Croacia.** (2011). Chile, Latinoamérica.: *El Sur.* [Versión electrónica].

cl**Alemania expulsará a imán que incita a matar homosexuales.** (2011). Santo Domingo, República Dominicana.: *Blog Sin Dioses.* Consultado el 29 de diciembre de 2011, de http://blog-sin-dioses.blogspot.com/.

cliCrissthian Manuel Olivera Fuentes. (2011). **Apuntes Para Comprender Mejor los Crímenes de Odio por Orientación Sexual y/o Identidad de Género.** *Deambiente.* Información consultada el 30 de junio de 2011, de http://www.deambiente.com/; Miguel Guzmán. (2009). **Crímenes de odio contra los gays.** Barcelona, España.: *La Vanguardia Ediciones.* Recuperado el 30 de diciembre de 2010, de http://www.lavanguardia.es/; Los Angeles Police Department. (2007). **What are Hate Crimes?** City of Los Angeles, California. Recuperado el 12 de noviembre de 2007, de http://www.lapdonline.org/.

clii**Gays rusos llevan al alcalde de Moscú a los tribunales por insultarles.** (2009). Madrid, España.: *El Mundo.* Consultado el 29 de diciembre de 2010, de http://www.elmundo.es/.

cliii**Homosexuales denunciarán ante fiscal agresión policial frente a catedral Lima.** (2011). Madrid, España.: *Noticias Terra.* Recuperado el 30 de julio de 2011, de http://www.terra.com/noticias/. Léase, además: **Besos contra la homofobia volverá a la plaza de armas.** (2011). Perú, Latinoamérica.: *La República.* Información consultada el 11 de julio de 2011, de www.larepublica.com.pe.

cliv**Besos contra la homofobia volverá a la plaza de armas.** (2011). Perú, Latinoamérica.: *La República.* Información consultada el 11 de julio de 2011, de www.larepublica.com.pe.

clv**Homosexuales se besan frente al Papa en protesta por su posición ante el tema.** (2010). Argentina, Latinoamérica.: *Agencia Latinoamericana y Caribeña de Comunicación.* Información consultada el 11 de enero de 2011, de http://www.alcnoticias.net/.

clvi**Cientos de homosexuales italianos protestan indignados ante el Vaticano.** (2008). Barcelona, España.: *La Vanguardia Ediciones.* Recuperado el 30 de diciembre de 2010, de http://www.lavanguardia.es/. Léase, además: Marcos Paradinas. (2008). **Los homosexuales italianos se manifiestan frente al Vaticano.** México, Latinoamérica.: *Redes Cristianas.* Información consultada el 12 de enero de 2011, de http://www.redescristianas.net/.

[clvii]**Cientos de homosexuales italianos protestan indignados ante el Vaticano**. (2008). Barcelona, España.: *La Vanguardia Ediciones*. Recuperado el 30 de diciembre de 2010, de http://www.lavanguardia.es/.

[clviii]**¿Sabías que siete países condenan a muerte a gays y lesbianas?** (2011). Homestead, FL.: *Informe21*. Información consultada el 26 de julio de 2011, http://informe21.com/; Arce, B. (2010). **El Reino Unido dará asilo a los homosexuales perseguidos en sus países**. Madrid, España.: *El Periódico*. Información consultada el 30 de diciembre de 2010, de http://www.elperiodico.com/; **Los homosexuales son perseguidos por Ley en 70 países del mundo según Amnistía Internacional**. (2007). Madrid, España.: *20minutos*. Recuperado el 31 de diciembre de 2010, de http://www.20minutos.es/.

[clix]**Los homosexuales son perseguidos por Ley en 70 países del mundo según Amnistía Internacional**. (2007). Madrid, España.: *20minutos*. Recuperado el 31 de diciembre de 2010, de http://www.20minutos.es/.

[clx]**El primer gay que aspira a alcalde de Donostia**. (2011). País Vasco, España.: *Diario Vasco*. Información consultada el 27 de mayo de 2011, de http://www.diariovasco.com/.

[clxi]**La homofobia divide a la ONU**. (2008). *El País*. Madrid, España. Consultado el 29 de diciembre de 2008, de http://www.elpais.com/.

[clxii]**La Nueva Constitución de Puerto Rico**. (1954). San Juan, Puerto Rico.: *Editorial de la Universidad de Puerto Rico*, pág. 205. Léase, además: **Vaticano ante ONU: Opinar contra homosexualidad está dentro de libertad de expresión**. (2011). Lima, Perú.: *Agencia Católica de Informaciones (Aciprensa)*. Información consultada el 30 de julio de 2011, de http://www.aciprensa.com/.

[clxiii]**Pastora arremete nuevamente contra Ricky Martin**. (2011). Guaynabo, Puerto Rico.: *El Nuevo Día*. [Versión electrónica]; **Wanda Rolón compara a Ricky Martin con el diablo**. (2011). Guaynabo, Puerto Rico.: *Primera Hora*. [Versión electrónica].

[clxiv]Summer Harlow. (2011). **Corte Suprema de Estados Unidos avala el derecho a protestar en funerales militares como libertad de expresión**. Texas, EEUU.: *University of Texas, Knight Center for Journalism in the Americas*. Información consultada el 12 de abril de 2011, de http://knightcenter.utexas.edu/.

[clxv]**Students Have Right to Wear 'Be Happy, Not Gay' T-Shirt, 7th Circuit Appeals Court Rules**. (2011). Chicago, IL.: *American Bar Association Journal*. Información consultada el 20 de julio de 2011, de http://www.abajournal.com/.

[clxvi]Summer Harlow. (2010). **Corte Suprema de Estados Unidos considera límites a la libertad de expresión**. Texas, EEUU.: *University of Texas, Knight Center for Journalism in the Americas*. Información consultada el 12 de enero de 2011, de http://knightcenter.utexas.edu/. Léase, además: **Supreme Court Rules First Amendment Protects Westboro's Funeral Protesters from Tort Suits**. (2011). Chicago, IL.: *American Bar Association Journal*. Información consultada el 20 de julio de 2011, de http://www.abajournal.com/.

[clxvii]Véase la opinión de Conformidad emitida por el Juez Asociado señor Rivera Pérez a la cual se une el Juez Presidente señor Hernández Denton y el Juez Asociado señor Rebollo López, en: **El Pueblo de Puerto Rico v. Ángel Figueroa Jaramillo**, *2007 DTS 083*.

[clxviii]Lisa Leff. **Niños se crían bien con padres gays**. (2010, enero). Guaynabo, Puerto Rico.: *Primera Hora*. [Versión electrónica].

[clxix]Miguel Vázquez Rivera. (2010). **Definamos los conceptos de la homosexualidad**. San Juan, Puerto Rico. *Universia Puerto Rico*. Información consultada el 28 de agosto de 2011, de http://noticias.universia.pr/.

[clxx]Miguel Vázquez Rivera. (2011). **Factores asociados a las actitudes hacia los gays y las lesbianas en Puerto Rico**. San Juan, Puerto Rico. *Universia Puerto Rico*. Información consultada el 28 de agosto de 2011, de http://noticias.universia.pr/; **El niño predicador: Debo ir contra el homosexualismo porque atenta contra la ley de Dios**. (2011). Santiago, Chile.: *Empresa Periodística La Nación*. Información consultada el 30 de julio de 2011, de http://www.lanacion.cl/; **Tolerancia: Proponen concienciar a los escolares británicos sobre

los homosexuales. (2011). Homestead, FL.: *Informe21*. Información consultada el 18 de agosto de 2011, http://informe21.com/.

clxxiMédicos católicos alemanes ofrecen curar la homosexualidad mediante homeopatía. (2011). Westchester, CA.: *Dos Manzanas*. Información consultada el 19 de julio de 2011, de http://www.dosmanzanas.com/; Miguel Vázquez Rivera. (2011). **Factores asociados a las actitudes hacia los gays y las lesbianas en Puerto Rico.** San Juan, Puerto Rico. *Universia Puerto Rico.* Información consultada el 28 de mayo de 2011, de http://noticias.universia.pr/; **Las terapias para 'revertir' la homosexualidad generan polémica en Argentina.** (2010). Homestead, FL.: *Informe21*. Información consultada el 31 de diciembre de 2010, http://informe21.com/; **Malasia abre un reformatorio para chicos afeminados, les inculcará formas varoniles.** (2011). Homestead, FL.: *Informe21*. Información consultada el 30 de agosto de 2011, http://informe21.com/.

clxxiiEl niño predicador: Debo ir contra el homosexualismo porque atenta contra la ley de Dios. (2011). Santiago, Chile.: *Empresa Periodística La Nación.* Información consultada el 30 de julio de 2011, de http://www.lanacion.cl/.

clxxiiiMiguel Díaz Román. **Crimen penalizado sólo en papel.** (2009, noviembre). Guaynabo, Puerto Rico.: *El Nuevo Día.* Recuperado el 30 de diciembre de 2009, de http://www.elnuevodia.com/; Miguel Díaz Román. **Lucha sin descanso en pos del respeto.** (2009, noviembre). Guaynabo, Puerto Rico.: *El Nuevo Día.* Recuperado el 30 de diciembre de 2009, de http://www.elnuevodia.com/; **Marruecos anuncia el fin de toda tolerancia con la homosexualidad.** (2009, marzo). *El País.* Madrid, España. Consultado el 29 de diciembre de 2009, de http://www.elpais.com/.

clxxivMiguel Vázquez Rivera. (2011). **Factores asociados a las actitudes hacia los gays y las lesbianas en Puerto Rico.** San Juan, Puerto Rico. *Universia Puerto Rico.* Información consultada el 28 de agosto de 2011, de http://noticias.universia.pr/. Léase, además: Eva Paris. (2010). **Cuentos infantiles para la no discriminación.** España, Unión Europea.: *Bebes y más.* Información consultada el 12 de julio de 2011, de http://www.bebesymas.com/.

clxxvEva Paris. (2010). **Cuentos infantiles para la no discriminación.** España, Unión Europea.: *Bebes y más.* Información consultada el 12 de julio de 2011, de http://www.bebesymas.com/; **Libros para niños que abordan la homosexualidad.** (2007). España, Unión Europea.: *Bebes y más.* Información consultada el 12 de julio de 2011, de http://www.bebesymas.com/.

clxxviHarvard abre una cátedra de estudios sobre homosexualidad y minorías sexuales. (2009). California, EEUU.: *Noticias Google.* Información consultada el 28 de marzo de 2011, de http://news.google.com/news/.

clxxviiLGBT Studies at Yale University. (2011). New Haven, Connecticut.: *Yale University.* Información consultada el 23 de julio de 2011, de http://www.yale.edu/lgbts/; Silla Brush. (2002). **Professors reflect on attitudes toward homosexuality in the Ivory Tower.** Princeton, NJ.: *Princeton University, The Daily Princetonian.* Información consultada el 29 de diciembre de 2010, de http://www.dailyprincetonian.com/; The Center for Lesbian and Gay Studies. (2011). **Welcome to CLAGS.** Nueva York, EEUU.: *The City University of New York.* Información consultada el 11 de julio de 2011, de http://web.gc.cuny.edu/clags/.

clxxviiiMedicine: Testosterone. (1935). *Time Magazine.*: Nueva York, EEUU. Recuperado el 29 de diciembre de 2009, de http://www.time.com/.

clxxixLady Gaga se une a la campaña a favor de los homosexuales en el Ejército. (2010). Homestead, FL.: *Informe21*. Información consultada el 31 de diciembre de 2010, http://informe21.com/; **Lady Gay Gay.** (2010). Alberta, Canadá.: *VUE Weekly.* Información consultada el 11 de enero de 2011, de http://vueweekly.com/.

clxxxUrbano, W. (2009). **¿Promocionando el incline al mismo sexo o promocionando la película "Ne te retourne pas"?** *Criticoy.net.* Información consultada el 7 de julio de 2011, de http://criticoy.blogspot.com/. Léase, además: **¿Cómo influyen los ídolos en los jóvenes?** (2007). Chile, Latinoamérica.: *La Cuarta.* Información consultada el 14 de septiembre de 2009, de http://www.lacuarta.cl/.

Ismael Leandry Vega   *187*

clxxxiPedro Zimmatore. (2010) **¿Vivimos horas de política petisa?** Uruguay, Latinoamérica.: *The Hispanoamerican Newspaper*. [Versión electrónica].